AF497699

SALTANDO AL VACÍO
Método Abundantemente

Saade, María Laura

   Saltando al vacío: siendo auténtica / María Laura
Saade; Fotografías de Irene Robert; Ilustrado por
Rosario Sansosti. - 1a ed adaptada. - Ciudad Autónoma
de Buenos Aires:
María Laura Saade, 2024.

Memoria USB,

DOC ISBN 978-631-00-3897-1

   1. Desarrollo Personal. I. Robert, Irene, fot. II. Sansosti,
Rosario, ilus. III. TÌtulo.
CDD 158.1

Diseño Gráfico y diagramación: Juan
Hanneyan.
Fotografías: Irene Roberts.

Ilustración: Rosario Sansosti.

Realización gráfica:

MARÍA LAURA PÉREZ SAADE

SALTANDO AL VACÍO
Método Abundantemente

Planeta

AGRADECIMIENTOS

A mí misma, por ser un SER único e irrepetible, donde todo el tiempo me incomodo, busco, creo, atraigo, jalo, manifiesto y vuelvo a empezar una y otra vez. Soy leal a mi energía, a mí, soy auténtica a mi saber, a mi esencia y siempre estoy buscando cómo puedo ser una herramienta de contribución no solo para mí sino también para los demás. ME AMO (aprendí a hacerlo).

A mi marido Marcos Molinari, que es el mejor hombre y compañero con el que pude cocrear todo lo que amo, mi coequiper. Sin él no hubiese sido posible ya que cada día con amor me llena de orgullo, placer, felicidad y me enseña mucho, todo lo que vinimos a recordar juntos, como familia, como seres espirituales viviendo una experiencia humana, por pasar juntos las peores tormentas del alma y sanando mucho karma de pareja. Gracias, gracias, gracias también a mis hijos, a Isabella que es el angelito que me abrió el cielo en la Tierra y me conectó con mi más profundo ser dentro de mi alma y Vitto que vino a demostrarme que con mucho amor, caricias, ojitos y sonrisas todo es posible.

Gracias por mostrarme que todo es posible y que podemos ser quienes queramos ser, cuando lo queramos ser.

Gracias a mis mentores, Tony Robbins, Dr. Joe Dispenza, Lain García Calvo, Robert Kiyosaky, Cristina Di Martino, Bob Proctor, Gary Douglas, Dr. Dain, Daniel Gambartte, Napoleón Hill, Brian

Trace y muchos más que fueron maestros y mentores de la vida a lo largo de estos años de manera presencial, por seminarios, talleres o libros.

Los amo y honro profundamente.

Gracias. Gracias. Gracias.

MAríA lAurA PérEz SAAdE

ÍNDICE

PRÓLOGO

No importan los hechos sobre el lugar en el que naciste, ni donde te encuentres hoy, ni todo lo que aconteció en tu vida, porque tener éxito SALTANDO un ABISMO es una decisión y HOY YO DECIDÍ HACERLO. Tú, ¿qué vas a elegir?

Antes de empezar a contarte un poco de qué se trata este compartir mío con el mundo, quiero que sepas que para cada uno de nosotros, saltar el abismo puede significar cosas distintas. Saltar al vacío es animarme a desestructurar y desarmar absolutamente TODO lo que creías real, verdadero, rígido, firme y que nunca te hubieses imaginado empezar a cuestionar. Así lo hice y eso para mí fue llegar a un espacio de reflexión, conciencia y también de éxito ya que, en otro momento, aun creyéndome valiente, no lo hubiese hecho.

Sigo la vida de muchos autores como Tony Robbins, Robin Sharma, Vishen Lakhiani, Lain García Calvo, Bob Proctor, Joe Dispenza y otros que admiro. Leo y percibo sus historias, sus creaciones, sus sueños, sus realidades, y me digo a mí misma: por qué no, por qué no crear esas realidades, ayudando a millones de personas alrededor del mundo.

Te voy a contar un poco quién soy, de donde vengo, qué viví, dónde nací, cómo me crie y qué fue lo que me moldeó durante muchos años.

Soy María Laura Pérez Saade, Contadora, MBA (Master en Administración de Empresas), productora de seguros matriculada, coach cuántica, descodificadora biológica, mentor coach, supervisora para coaches, sanadora cósmica, consultora internacional, facilitadora de Access Consciousness Bars ®, speaker y conferencista, escritora y también emprendedora. La mayoría de los seres humanos tenemos algo en común: las creencias limitantes, algo que me apasiona entender y modificar hace años.

Soy emprendedora nata, realicé muchísimos proyectos que me dieron las herramientas y me llevaron adonde estoy. Tengo muchas habilidades que fui adquiriendo a lo largo de mi creciente desarrollo personal que me ayudaron también en el ámbito profesional.

Mi método, Abundantemente, es una fusión entre la parte espiritual y del ser y las finanzas personales para cocrear abundancia ilimitada que te enseñaré a poner en práctica en tu propia vida.

Vuelvo unos años atrás: a mis 27 años empecé mi camino del despertar espiritual o de conciencia. Me di cuenta de que existen ahí afuera muchas herramientas para ayudarnos a conectar, a ser, a crear conciencia y reafirmar que somos los reyes o reinas de nuestras vidas, solo que tenemos muchas programaciones (como las computadoras) o también denominadas creencias que nos llevan a no ser conscientes, a no elegir lo que realmente deseamos y seguir la corriente.

¿Por qué me era tan difícil ser yo, por qué quería ocultarme de los demás, poder encajar, poder ser alguien más? Y así fui pasando por distintas facetas: desde ser alguien que no reconocía, hasta llegar a ser alguien que amo y acepté, como acepté ser amada, amarme, elegí ser exitosa, elegí amar lo que hago y hacer lo que amo, elegí honrar a cada una de las personas que pasaron por mi vida de una manera u otra para demostrarme lo valiosa e importante que SOY, que cada uno de nosotros tenemos un brillo único y algo que nos hace simplemente SER. Solo eso, somos, yo soy, tú eres, y busco con este libro, contarte todo ese proceso de cambio que tuve para llegar adonde llegué HOY y tiene mucho que ver con empezar a disfrutar, divertirme, elegirme, elegir siempre absolutamente todo, gozar, que todo sea un poco más simple y buscar la gloria, mi gloria.

¿Cuál sería el espacio para tu facilidad, tu gozo y tu gloria? Te regalo la primera pregunta.

Desde que era adolescente tuve una inquietud, una búsqueda de algo, siempre creí que en la vida había algo más aparte de recibirte, trabajar y tener una familia, para un día retirarte y jubilarte. A lo largo de mi vida siempre soñé en grande. Me anoté para ser contadora porque me apasionaban los números, en algunos años de mi niñez estuve en competencias de física y matemáticas y me gustó mucho, y llegué a dos competencias interescolares. Debido a que se retrasaron mis papeles del secundario se me cerró la inscripción a Ingeniería y me anoté para Contadora.

Tuve mis idas y vueltas con la carrera. Me cambié de Universidad y me mudé a Buenos Aires, una ciudad enorme, que prometía muchísimo pero en plena crisis económica, luego del 2001, una crisis devastadora para mi país. Los argentinos somos una población muy fortalecida en parte, gracias a las crisis económicas. Aquí todos estamos acostumbrados a que a veces estamos bien, a veces no tan bien y a veces nos ayudamos entre todos. Es como una economía de desestabilización que te impulsa a ser creativo y a reinventarte como un ave fénix, una y otra vez.

Hace varios meses atrás sufrí uno de los golpes y cimbronazos que, para mi existir en este mundo, creería que fue el más fuerte. Sentí cómo se me derrumbaba absolutamente todo, toqué fondo —como decimos en Argentina— y me sentí desamparada, en soledad, triste, con un enorme desborde emocional y como si la fuerza vital se me escapara de las manos. Leí mucho sobre estos momentos de crisis que nos suceden, algunos lo llaman la noche oscura del alma; otros, la crisis de tal edad, o simplemente la vida. Así empecé a caminar por un sendero desconocido sin visibilidad y sin tener un horizonte aparente. Y de esa crisis también salí, más sabia, más viva y con ganas de compartir mi experiencia.

Me puse como misión de vida ayudar a millones de personas a que puedan generar la abundancia y la vida ilimitada con la que siempre soñaron. Para que eso sea posible es muy importante cambiar nuestras creencias limitantes ya que ellas no nos dejan avanzar hacia donde queremos ir, o metas que queremos alcanzar.

Te invito a recorrer este camino conmigo, a pensar diferente y a replantearte todas esas creencias que dabas por sentadas y no te llevaban a ningún lado.

Estuve dando muchas vueltas para elegir el título de este libro. Quería expresar todo lo que fue mi recorrido para llegar adonde estoy hoy y también compartir lo que hace la cabra montesa. Este animal vive su vida, siempre en peligro, al borde de los riscos, saltando al vacío cada vez para poder alimentarse, avanzar y buscar refugio. Entender su salto al vacío esperando todo si llega del otro lado y la muerte si falla fue muy esclarecedor porque la cabra sabe adónde tiene que llegar, cuál es su meta, no se detiene a pensar ¿y si fallo? ¿Y si mi salto no es suficiente? ¿Y si me caigo? ¿Y si pierdo la vida?

No se arrepiente de estar ahí frente a su meta, no busca excusas u otro camino para lograrlo. Simplemente la ve frente a ella, la mira (nunca para arriba o para abajo) y con todas sus fuerzas SALTA y llega al otro lado del risco. Ella siempre lo supo, siempre se vio ahí, del otro lado y así fue como logró hacerlo.

Les traigo esta historia porque me gustó mucho entender cuál es el enfoque y meta que tenemos en la vida, cuáles son nuestros objetivos y si hacemos todo lo posible para cumplirlos.

Porque todos nos merecemos ser comPletamente abundantes, felices, tener una economía equilibrada, vivir en constante agradecimiento y contribuir a este mundo, del cual formamos Parte.

Este es mi lema, nos corresPonde Por derecho divino.

No hay nada más valioso que invertir en ti, yo no paro de invertir en mí, aunque me hablen de números totalmente fuera de contexto, estoy dispuesta a pagar el precio para desarrollarme y darte lo mejor. Tú, ¿qué precio estás dispuesto a pagar?

Te invito a que en vez de buscar culpables y ver tus fracasos, tomes todo el aprendizaje necesario de la situación y que todos esos obstáculos te sirvan de trampolín para tu nueva vida. No te dejes convencer ni por tu mente ni por nadie: tú eres un ser increíble que se merece toda la abundancia disponible que existe en este vasto universo.

Recuerda: no necesitas que nadie confíe en ti, basta con que solo tú lo hagas para lograr todo eso que tanto deseas. Quiero que hoy, juntos, hagamos un compromiso de hacerte 100% responsable de tus éxitos y tus fracasos. Todo sirvió, todo sumó, todo dejó una enseñanza, así que vamos a demostrarte a ti mismo que eres el número uno y después que lo vea el mundo.

"dicen que aquellos que ganan a lo grande en la vida, asumen la resPonsabilidad y crean su ProPio destino."

No hay excusas ni justificación para tu éxito: te lo mereces, se lo debes al mundo, es tu obligación moral brillar, crecer, llegar hasta la luna, apunta hacia ella, lo más cerca que puedas o al menos llegarás a alguna estrella.

Muchas gracias y te espero en las próximas páginas para poder juntos desarrollar todo ese potencial que tienes adentro tuyo. De alguna manera, sé que te puedo dar diferentes puntos de vista que sumen o cambien tus paradigmas para que logres vivir esa vida que viniste a vivir, esa persona que viniste a ser y vuelvas de tu pasión esa profesión que anhelas hacer y regalar al mundo, para empezar a contribuir desde tu espacio y tiempo, para mejorar tu entorno, tu vida, tu familia, tu mundo.

Tomo una frase que una vez leí y me puso la piel de gallina:

"el infierno en esta tierra es encontrarte de frente con la Persona en la que te Podrías haber convertido y mirarla a los ojos".

Todos soñamos, solo que en la mayoría de los casos nuestros miedos superan nuestros sueños y así vamos por la vida postergando decisiones. Basta de culpa y autocompasión, vamos a la acción y a revolucionar tu vida.

TE INVITO A QUE PUEDAS VISITAR MIS REDES SOCIALES: @LAUPEREZSAADE

Te recomiendo empezar este viaje con un cuaderno de bitácora para anotar todo lo que surge cuando aprendemos juntos, cuando conectas, cuando te bajan ideas, cuando lo sientas necesario y, sobre todo, para trabajar en los ejercicios con conciencia plena de que todo esto es para ti. Este es mi regalo, gracias por elegirme para acompañarte los próximos días.

Te espero en las próximas páginas.

Toma la decisión o alguien más la tomará por ti.

1Au

INTRODUCCIÓN
CALENTANDO MOTORES

Este libro empezó a tomar vida en un viaje que hice a Nueva York para estudiar inglés intensivo por 4 semanas, en enero del 2022. Ese año cumplía 40 años y pasaba de la década de los 30 a la de los 40. Estaba muy movilizada internamente, con mucha actividad mental y pensando en profundidad varias cosas, entre ellas me había propuesto ese mes, al estar lejos de mi familia, que no solo seguiría aprendiendo inglés sino que también escribiría mi primer best seller —así siempre lo llamé— y que en mis momentos libres iba a poder bajar a papel todo lo que tenía en mi mente y en mi corazón. Sentía que podía ayudar a muchas personas con mis historias, con todo lo que había aprendido y sin saber en ese momento que los peores momentos de mi vida vendrían meses después, cuando entraría a la noche oscura del alma, abrazando otra vez mi dolor y poniendo a prueba todo mi aprendizaje una vez más.

Empezaba cada mañana con un rico café de filtro, me levantaba muy temprano como las 6 am, meditaba, café y luego a escribir. Una mañana fui a una tienda muy linda y me compré una carpeta tamaño oficio con muchas hojas para poner y sacar, y empecé a escribir a mano. No te voy a mentir: era agotador. Me costaba un montón, me llevé algunos libros para motivarme y conectarme pero muchas veces esa magia no se daba. Luego buscaba cambiar la energía, me preparaba un mate —como no llevé mi termo y mate me compré uno por internet, conseguí mi yerba preferida— y a escribir. Luego de unos días me di cuenta de que tardaba mucho en escribir, luego lo pasaba, no entendía mi letra y la escritura se complicaba... así que tomé la decisión de escribir directo en la computadora portátil.

Mis mañanas eran muy parecidas. A pesar de que tuve la visita de una amiga unos días, miraba desde mi departamento la nieve caer en pleno Manhattan, cerca del Central Park. Era una ubicación privilegiada, e podía llegar caminando a todos lados y, sobre todo, a la Universidad en la cual estudiaba.. Era toda una travesía cada día, las caminatas a la institución, los audiolibros, mis conversaciones conmigo misma, mis pensamientos y sin contar con todo lo que me rodeada. Me patinaba con la nieve y casi me caigo un par de veces. Allí, en ese invierno, mi escritura estaba destinada a comenzar. Una vez más sucedía la magia en mi vida: estar ahí estudiando significaba un GRAN SUEÑO, había logrado hacer lo que deseaba y anhelaba, estaba alcanzando una META, algo que tenía en mi corazón y que todos los días, durante mucho tiempo busqué la manera de conseguir. o Sabía que absolutamente todo era posible, siempre, y entonces caí en la cuenta de que si yo lo logré, obviamente todos pueden conseguir lo que se propongan.

Hace años acompaño personas en el proceso de romper con sus creencias limitantes,. Los ayudo a que se den cuenta de que solo estamos mal programados y que podemos cambiar esos programas, que la vida está hecha para vivirla al 100% y que valga la pena cada minuto, cada segundo que elegimos vivirla. Que muchas situaciones que atravesamos y nos llevan al límite son para recordar quiénes somos y qué vinimos a aprender aquí, en la tierra. Los acompaño a comprender su destino y el propósito por el cual se mueve nuestra alma.

entendí que el éxito es Para todos los que eligen tener éxito, en lo que sea que se Planteen o se Pongan como meta, que de eso se trata. luego cada uno tendrá su sazón, su sabor, su color, Pero está disPonible Para todos. Pero te cuento: antes no Pensaba así, antes no lo creía cierto, antes era diferente.

Durante muchos años creí que tener éxito no era algo para todos. Crecí con la frase "algunos nacen con estrella y otros estrellados", me encontré con que debía tener ciertas cualidades, características, aptitudes ser diferente, o tener *eso que deberíamos tener* para llegar adonde queremos llegar, a lo queremos lograr. A los objetivos y metas que queremos cumpli. Pero siempre supe muy adentro mío que yo iba a cumplir mis metas, mis sueños. Hoy estoy cumpliendo uno de muchos: escribir mi primer libro.

A lo largo de mi carrera profesional tuve muchos obstáculos y escalones: algunos me expandieron y otros me han dejado una gran enseñanza, pero nunca me quedé solo con esa sensación o con un sabor amargo, sino que busqué qué había más allá, qué más podía lograr, cómo poder ir. A veces, no entiendo o no sé muy bien por dónde empezar, cómo organizo lo que deseo, lo que busco, lo que quiero, lo que vine a lograr. No sé si crees en las otras vidas o con qué estas conectado, solo puedo decirte que de alguna manera todo el Universo va fluyendo, que sin que te demos cuenta nos lleva a algún lugar y la verdad está en saber qué es lo que realmente queremos o estamos buscando, qué nos haría sentir libres, exitosos, felices, agradecidos y bendecidos.

Lee bien y súper claro lo que voy a contarte aquí, en este libro. No te pido que me creas, solo puedo contarte lo que vengo leyendo en más de 700 libros, mis cursos de desarrollo, mis capacitaciones, nuevas maneras de ver las cosas, aprendizajes, mi espiritualidad y —por supuesto y no menos importante— lo que aprendo día a día con mi vivir, con mi pasar y con las decisiones que tomo cada día.

Arrancamos de cero. ¿Cómo podemos saber exactamente cómo llegar a ese lugar al que queremos llegar cuando no conocemos el camino ni sabemos qué habilidades necesitamos ni de qué manera lo podemos hacer real? Ponte feliz: desde el momento en que algo te hace ruido, algo no te cierra, ya no compras más que todo lo que pasa afuera tiene que ver contigo, ya no tomas como propio algo que no es tuyo y, sobre todo, te das cuenta de que como ser humano eres un creador nato. Empiezas a ser consciente de que puedes soñar y soñar en grande, y que de acuerdo a la acción y a cómo intencionas puedes llegar a ese lugar en el que siempre quisiste estar. El corazón sabe que todo es posible, pero a mente —muchas veces y a través de lo que se denomina EGO— nos hace creer cosas que no son ciertas o llega un momento en tu vida que ya no resuenan contigo y dices basta.

¿Alguna vez te pasó de querer o desear fervientemente algo y que te diluyan el sueño o el deseo, que te digan que no es posible, que nunca lo vas a lograr, que no tienes esas características para eso que quieres, que te falta mucho, que eres joven, que eres viejo, que no vas a poder lograrlo? ¿Qué cuento te estás contando? ¿Qué historia te dices todos los días para realmente tomar como verdad eso que te están diciendo? Eso que no es tuyo, que te limita, que no te hace feliz y, sobre todas las cosas, eso que aceptas como si fuera cierto, lo tomas personal, lo hacés tuyo, te adueñas de esos miedos, los interiorizas y como Dumbo —a pesar de que crecemos y nos hacemos más fuertes y podemos romper las cadenas— seguimos encadenados a un árbol de naranjo.

Entonces, ¿qué te parece si en esta ocasión que lo amerita, te propones lograr lo que siempre quisiste lograr? Ya sean mil metas o solo unas cuantas, porque aunque me digan que solo tienen una meta, seguro ese objetivo se encadena con otros, como las cuentas de una collar o las ramas de un árbol de las cuales saldrá todo lo que deseamos vivir y sentir.

Vamos a atravesar juntos este lago de conciencia y vamos a llegar a la otra orilla para entender qué podemos hacer desde nuestra humanidad, cómo podemos crear lo que queremos, cómo podemos aprender cosas nuevas y cómo podemos conectar con lo que realmente nos expande y nos llena de amor.

Espero que puedas disfrutar conmigo este viaje. Me encanta poder acompañarte. Siempre soñé con compartir todo lo que puedo dejarle a la humanidad, cómo puedo —desde mi humilde espacio-tiempo— crecer contigo y darte algunas herramientas para que tengas un mejor pasar, que puedas disfrutar, agradecer y bajar todas las barreras con respecto al hecho de que no podemos ser exitosos. Es algo que nos vienen contando hace mucho. Solo vemos y halagamos a ciertas personas, ciertos nombres que lograron lo imposible, cuando en realidad la posibilidad está en todos: crear todo lo que nos gustaría lograr, ser exitosos en lo que nos propongamos en la vida porque de eso se trata, conectar con aquello que es tu propósito, lo que te motiva, lo que sabes que como lo hagas va a estar bien y que nadie podría decirte lo contrario.

¿Qué cuento te contaste con respecto al éxito, qué herramientas crees que necesitas, qué deberías ser, cómo deberías ser, qué te falta, por qué no lo vas a poder lograr?

Todo lo que necesitamos saber está guardado o escondido en algún lugar, solo tenemos que ir a buscarlo, solo tenemos que Lo que vamos a hacer juntos es empezar a recordar, prepararnos, leer, buscar, investigar, desarrollar todo lo que necesitamos para tener el éxito que estamos buscando. Te puedo asegurar que el 90% de los casos no pasa por entender de matemáticas, finanzas, tener una estrategia, saber sobre cual o tal tema, sino que pasa por nosotros, por nuestra psicología, por cómo pensamos, cómo nos manejamos ya que la mayor parte del tiempo funcionamos en piloto automático. Entonces te pregunto: ¿de qué manera te conectas contigo y con esa parte tuya que te maneja y te dice todos los días cómo actuar, tu rutina, tus actividades, lo que te dices, lo que escuchas, lo que tomas como propio? Si te parece, juntos, ahora vamos a replantearnos cada creencia, cada punto de vista, cómo lo ves, por qué lo ves así, de qué manera puede ser diferente.

TE CUENTO UNA HISTORIA

Había una vez una mujer que trabajaba todos los días, era muy responsable. Creía que era imprescindible, daba lo mejor de ella y siempre más de lo que esperaban pero, a pesar de su desempeño, nunca la veían como ella quería, y mucho menos la reconocían. Si alguien veía su esfuerzo, no importaba, nunca llegaba a nada. Esa mujer se replanteó de verdad si estaba haciendo las cosas bien, qué debería tener, qué le faltaba, por qué no podía llegar a los estándares que necesitaba lograr y obtener los resultados que quería.

Esa mujer un día empezó con ataques de pánico, miedo, terror, pensó que se iba a morir, creyó que hasta ahí había llegado su vida, que no podía dar más, que llegaba el fin, que por sobre todas las cosas vivía injusticia ¿Por qué padecía de esa manera? No podía explicarlo, lloraba en soledad y ante los demás, no encubría, estaba perdida, destrozada y a pesar de eso, seguía sosteniendo un rol para sobrellevar todo adelante: su casa, su familia. Ella estaba parada en un lugar de víctima, culpaba al afuera y no entendía por qué le sucedía esto, por qué aquello, por qué esas personas, por qué esas vivencias, el famoso "POR QUÉ A MÍ".

Hasta que un día se dio cuenta de que podía superar esto siendo protagonista, que lo que estaba padeciendo era para aprender nuevas lecciones, que debería salir resiliente y más fuerte, que podría sobrellevarlo y sin medicación y drogas que la dejaban atontada, que la dormían, que la desconectaban, que se perdía cosas, que todo el mundo le decía que era lo mejor, que no sabía cómo salir de ese espacio de miedo. Y ese mismo día que determinó hacerse responsable, empezó a ver de qué manera podría salir de ahí, de ese lugar, cómo podría superarlo, cómo podría contar alguna vez la historia que ella quería contarle a su familia, cómo podría desde un lugar diferente dejarles una enseñanza.

Luego se presentaron más obstáculos, personas con malas intenciones, horribles situaciones, odio, mucho odio, al punto de armar situaciones que no eran reales, fracasos, pérdidas y, sobre todo, ensuciar su nombre, al punto de llevarlo a los extremos ante la sociedad y poner en jaque toda una vida llena de trabajo y mucho esfuerzo. Estas personas existen y están ahí dando vueltas, buscando muchas veces dañar, hacer el mal y llevarse un premio, reciben varios nombres a lo largo de la historia y el lugar holístico al que pertenezcan, yo solo las llamo "energías bajas" ya que al tomar tu fuerza se sienten mejor.

Así siguió la lucha, el día a día, la oscuridad del alma, la falta de todo y la creencia de que nada vale, el vacío existencial y la duda. ¿Será que está bien lo que estoy haciendo, será que es correcto y este es mi camino, será que hay luz al final de este túnel? Por qué me siento TAN SOLA cuando en realidad sé que algo me dice dentro de mi SER que no estamos solos, por qué siento esa necesidad de VOLVER A LA FUENTE, eran esas miles de noches y días, llenos de preguntas sin responder, que giraban una y otra vez, buscando dónde refugiarse, quien la oyera para responder…

El miedo era una emoción que la acompañaba, ella se creía valiente, aguerrida y…

¿Adivinen qué pasó?

Dejamos la historia aquí para poder concluirla cuando te enseñe todas las herramientas que me gustaría que juntos vayamos viendo, paso a paso.

Qué lindo sería si cada una de las personas que me están leyendo se animaran a escribir. Te puedo asegurar que todos tenemos muchos conocimientos adentro nuestro, estos grandes tesoros que guardamos en nuestros corazones y que solo estamos a una decisión de poder expresarlos y ponerlos en un cuaderno para dejar nuestro legado al mundo.

M considero una gran soñadora. Pasé por muchos estadios de mi vida y hoy me encuentro en etapa de mamá, empresaria, escritora, mentora, facilitadora de mindset y coach, y ahora desde este espacio puedo abrir tu cabeza y tu corazón a miles de posibilidades, a esas posibilidades infinitas que jamás creímos posibles para obtener como resultado todo aquello que anhelamos.

Tengo un gran sueño: tocar el SER y contribuir con esta información a miles de personas alrededor del mundo. Que mi método que pueda ser traducido a varios idiomas y acompañe en el proceso de despertar y conectar de muchas personas, que impacte familias y puedan eternamente volver a soñar y a cumplir sus deseos.

Soy como vos. Desde muy joven me obsesioné con estudiar las leyes del éxito y busqué tener entendimiento sobre cómo funciona el universo, de qué manera podemos ser exitosos. Estudié la razón de que el éxito no sea el común denominador de las personas del planeta. Viajé mucho, invertí miles de dólares en mi saber, en mentores, en conocimiento de todo lo que se me muestra en el camino, ya que yo soy la artífice de mi destino y lo creo cada segundo eligiendo y siendo consciente de lo que deseo. Me formé mucho para tomar el timón de mi vida e ir a navegar por estas aguas llenas de aventuras, en busca de los resultados que espero y materializo en mi realidad.

Pasé por muchos procesos: me enfrenté a mis creencias, sobre todo a mis paradigmas y programas creados a lo largo de mi vida por mi entorno, el lugar donde nací, mi familia, mi cultura, mi país. Me di cuenta de que nada de eso importa ni me frena para lograr mis sueños. Yo creo mi vida cada segundo con mis pensamientos y emociones y así es como creé desde mi imaginación a mi marido y a mis hijos, escribiendo hasta la letra chica de cómo quería y soñaba que todo se diera y hoy estoy aquí viviéndolo, no solo desde el amor y el acompañamiento, sino también desde mis negocios, empresas y resultados financieros.

Pude haber creído que no iba a ser posible, que nunca lo iba a lograr, quedarme en la zona de comodidad y no avanzar ante las dudas, pero algo me empujaba, había algo muy grande que se iba a crear y materializar. Lo veía, siempre vi que voy a contribuir y acompañar a miles de personas. Te voy a mostrar el camino, y si yo lo logré, tú también podrás hacerlo: tener la economía que deseas, la pareja que deseas, la vida que deseas e ir por tus sueños.

Hay una pregunta que me gusta mucho hacer en mis sesiones de coaching privadas de alto impacto y es la siguiente:

¿Si Pudieras hacer magia, qué elegirías Para tu vida?

Un día soñé con la idea de hacer un libro, de escribir para ustedes, de contar todo lo que me pasó, cómo atravesé la barrera del terror, del miedo, de los juicios, del "qué dirán", del chismerío, de la crítica y del fracaso. Y aquí estoy, con mi libro entre tus manos, materializando un sueño, una meta que es una de muchas metas. Este solo es el comienzo. Voy a enseñarte muchas cosas más, para tener esa libertad que tanto anhelas, porque quiero que logres ver que naciste rico y que la abundancia y prosperidad nos pertenece por derecho divino, solo tienes que tomar la decisión.

Te espero...

PARA EMPEZAR ESTE LIBRO

Busca e inicia un cuaderno como bitácora del viaje que vamos a emprender juntos, así podemos trabajar y bajar a papel, en conciencia, todo lo que vamos a trabajar.

Quiero que juntos empecemos a bajar nuestras metas, saber cuáles son las creencias o paradigmas que nos limitan, tener una lista de las cosas por las cuales estamos agradecidos cada día, nuestras acciones diarias y mucho más.

PRIMERA PARTE

CAPÍTULO 1
SOMOS UNA CHISPA DIVINA

Somos una chispa divina, un alma, un espíritu, un ser divino que ocupa un cuerpo para cocrear con Dios, con el universo, con todo lo que nos rodea. Puedes entenderlo o no, pero sí puedo decirte que eres un ser infinito, que somos energía que vibra por sobre todas las cosas.

La energía se crea y expande, se manifiesta todo el tiempo a través nuestro y de manera constante y sin forma. Nosotros le damos la forma. Te voy a explicar algo muy sencillo, pero a la vez complejo, puedes entenderlo o no, vibrar con eso o no, estar de acuerdo o no: te pido que te separes de tu mente consciente pragmática, llena de recuerdos de programas, de paradigmas y de creencias. Prometo que más adelante vamos a hablar de cada uno de esos términos que necesito que entiendas y sepas que ellos hoy te están llevando hacia algún lugar. Te explico con ejemplos.

Imagínate que tus programaciones son como GPSs en tu vida, que tienen una dirección. Esas creencias y pensamientos arraigados tu nuestro subconsciente toman vida y te llevan en alguna dirección, que tiene que ver con lo que tus programaciones creen que es lo correcto, de acuerdo con lo aprendido.

Esas creencias —muchas son culturales, familiares, enseñanzas, aprendizajes y entorno— nos dicen cómo debería ser nuestra vida, están instaladas en nuestro subconsciente y son la guía de absolutamente todo lo que queremos lograr para nuestra realidad. Ante lo cual te pregunto: ¿te gusta tu realidad, hacia dónde te ha llevado hasta ahora, qué cambiarías? Ahora logras entender por qué es **tan importante** y por qué deberíamos de trabajarlo de manera urgente y enfocada, y te pido disculpas por mi apuro, pero es sumamente importante que logres ver cómo funcionamos para luego poder modificar y transformar todo lo que desees.

99

EL HOMBRE SE CONVIERTE EN LO QUE PIENSA LA MAYOR PARTE DEL TIEMPO.
NAPOLEÓN HILL,
PIENSE Y HÁGASE RICO

Ejemplo: tú naciste en una ciudad, un pueblo, dentro de una familia, una cultura y en un momento específico en el tiempo. Todo lo que aprendiste a lo largo de tu vida es lo que te hace tener los resultados en el mundo físico que hoy tienes. Dicho de otro modo: todo lo que aprendimos a lo largo de los años nos llevó a tener ciertos pensamientos, emociones, creencias, aprendizajes y elecciones. Nuestros amigos, el entorno material y el dinero también son el resultado de nuestra programación.

Mirando tu mundo físico puedo saber cómo piensas, qué crees. Todo lo aprendido a través de la mente consciente es enviado a la mente subconsciente, ese gran archivador de todo lo aprendido en esta vida.

Cuando empezamos a darnos cuenta de absolutamente todo lo aprendido, podemos empezar a hacer consciente el inconsciente, porque el inconsciente no pregunta, no usa la lógica, sino que va a buscar todo lo que allí está guardado. Sólo actúa de acuerdo con lo que hacemos y traemos a la mente consciente para luego llevarla a la subconsciente.

Nosotros tenemos el poder de cambiar todo lo archivado, de elegir ideas diferentes, autosugestión, visualización e imaginación, para así luego cambiar todo lo que nos rodea o vemos materializado en el mundo físico. Nuestra habilidad más importante es pensar con emociones. Esto es lo que considero la llave mágica y la llave maestra.

Todos tenemos la posibilidad de elegir el lugar al que queremos ir, de tener relaciones y bienes materiales deseados. Nuestros pensamientos son cosas, y la pregunta que siempre me hago es por qué queremos estar desconectados. Si miramos a nuestro alrededor observamos a muchas personas que están todo el día solo conectados a su realidad, viendo televisión, o en las redes sociales, etc. Desconectados, se pierden todo ese tiempo de la realidad.

En el año 2020-2021, la pandemia de Covid generó muchos obstáculos y muchos cambios. Yo tuve la posibilidad de hacer conscientes muchas cosas inconscientes. No puedo olvidar el hecho de estar encerrados y las conversaciones que tenía conmigo misma, una ira... Me preguntaba: ¿cómo puedo crear más para y por mi vida?

Sin ir más lejos, a pesar de mis resultados, pasados varios años y por el estudio de varias leyes universales —maestro, guía, mentores—considero que mi más grande transformación fue en la pandemia.

Hace unos años atrás, antes de la pandemia, un año antes para ser exacta, estuve sufriendo ataques de pánico o ataques de ansiedad. El cuerpo y la mente me llevaban a un estado de alerta, pensaba que algo horrible me iba a suceder, por ejemplo que me iba morir, mi corazón latía fuertemente, por la cabeza me pasaban conversaciones con todo lo referente a esto y tenía escalofríos en todas partes.

Lo recuerdo, era algo muy fuerte. Y ahí estaba yo, luchando con ese gigante que había creado en mi mente, viendo cómo podía salir victoriosa y superar estos ataques que aparecían varias veces en el día. Siempre era lo mismo: primero luchaba para poder salir de ahí, a veces me resistía, hasta que un día lo empecé a aceptar y conecté con eso. Te voy a ser honesta, lector, y no me siento orgullosa de lo que te voy a decir, ya que sé que en muchas ocasiones los remedios pueden ayudar y mucho, solo que no estaba de acuerdo con la medicación para soportar los ataques de ansiedad porque me hacían sentir como adormecida, no era yo. También en algún lugar de mi ser estaba convencida de que lo lograría y saldría adelante sin tener que tomarme esa medicación.

Me comprometí conmigo misma —con mi cuerpo— para poder salir de ahí y hoy, después de varios años, recuerdo todo lo que hice. Salí adelante y si rememoro cómo lo logré me doy cuenta de que todo empezó con un pensamiento con el que logré darme cuenta de que yo era la creadora de mi vida y podía elegir una realidad diferente. No digo que fue de la noche a la mañana, ni que fue instantáneo. Me conecté con esa parte espiritual con herramientas y empecé a creer en mí. Cuando todo eso comenzó a funcionar, cambié mi realidad.

Un día pensé que podría lograr curarme y sentirme bien, plasmé la idea en el universo, en la energía. Nada me iba pasar, q iba a salir victoriosa de esa situación, la iba a superar sin consecuencias. Fue todo un proceso que empezó con una idea que se plasmó en el universo, en el éter, una idea en la sustancia de la cual todo sale y todo es creado., Estaba convencida de que lo iba lograr y de cómo sea iba a sanar mi cuerpo y comenzaría a sentirme bien otra vez.

¿Cuándo perdí la fe en mí y me olvidé de mis habilidades superiores, cuándo perdí la fe en Dios y en el universo? Estas fueron algunas de las preguntas que me hice.

Pasé por el enojo, la ira, la bronca, el llanto, pero todo eso fue necesario para luego conectar con la paz, con la calma, con el equilibrio, con la confianza. Todo era perfecto y eso me llevaría a mi nueva aventura, a seguir en la búsqueda de crear la vida de mis sueños.

Un día, yendo a mi casa desde el trabajo —el que era mi trabajo en relación de dependencia de ese momento— me encontré con un sentimiento de soledad y desesperanza que me decía que tenía que cambiar algo en mi vida. Sentí tristeza y que mi vida era insostenible, monótona y que en algún momento con esa rutina todo se iba a volver insoportable. Sentí en mi alma que no era feliz, que no podía conectar con eso que realmente yo creía era mi propósito o lo que vine a hacer a esta vida, a este plano. Quise volver a conectar conmigo misma y con eso que una vez escuché, una frase que dice que solo vinimos a divertirnos, que hagas lo que hagas siempre busques la forma de que eso te conecte, te divierta, que forme parte de tu don, tu propósito. Todos ya aprendimos que a lo largo de la vida vivimos situaciones muy diferentes, desafiantes o difíciles, con emociones en muchos casos tristes, pero eso también forma parte del todo. Solo digo que siempre busquemos la forma de conectar y de fluir con el todo o con el Universo, que nos podamos sentir totalmente conectados con nuestro ser, que evitemos sentirnos vacíos, desconectados, abrumados, cansados, y que cuando eso nos suceda podamos volver a conectar con nosotros, con nuestra chispa, con nuestra alma, con nuestro espíritu, y volver a elegir ser felices.

Hace unas semanas atrás, volví a pasar por todo ese proceso de *saudade* (así lo llamo yo, palabra en portugués que representa un estado de nostalgia, vacío y un poco de tristeza). Sentí como una desolación, una gran desconexión conmigo misma, quería entender a qué se debía y cómo, a medida que avanzamos y seguimos creciendo en conciencia, igual nos siguen pasando cosas. Claramente algo volvía a empezar, sentía que no estaba en el lugar correcto ni con las personas correctas, ni rodeada de la abundancia o prosperidad que esperaba. Me di cuenta de que esa nostalgia venía de un lugar más profundo, como si fuera del alma. Y así fue que pedí revelaciones, siempre me gusta imaginar y creer que hay algo más en algún lugar que nos lleva a creer en lo imposible y donde todo puede ser creado, absolutamente todo. De a poco el camino se fue mostrando y logré ver qué era lo que tenía adelante.

Si resuenas desde algún espacio con mi alma te pido que me lo hagas saber, así somos cada vez más almas resonando en esa búsqueda de valor y significado, no estamos solos.

COMPARTE EN REDES SOCIALES
CON EL HASHTAG #SALTOALVACIO
@LAUPEREZSAADE

LA NOCHE OSCURA DEL ALMA

¿Escuchaste alguna vez estas palabras y qué representan? ¿Cómo es que nuestras almas atraviesan varias veces en la vida esos vaivenes que te traen mucho aprendizaje y te llenan de nuevas experiencias?

Luego de empezar con tanto amor y dedicación mi libro tuve otra vez la oportunidad de encontrarme en el camino de la noche oscura del alma. Para fines del 2022 mi vida se derrumbaba. A pesar de estar rodeada de personas que creía expansivas y totalmente gratificantes para mí, se desvanecían, nada parecía real, era un espacio en el cual de golpe todo el telón se caía y quedaba la nada misma, oscuridad y mucho miedo, pánico, soledad y abandono, otra vez.

Jamás pensé que mi alma elegiría este camino. Era ruidoso para mi mente, no podía pensar con claridad, me sentía desconectada y perdida, sola, ya que esas personas que consideraba confiables ya no lo eran, todas buscando su beneficio personal y yo dejándome abusar por esos proyectos, una y otra vez, hasta que un día todo explotó, fue como el BIG BANG, así lo percibí yo. No podía parar de llorar, volvieron los ataques de ansiedad, me preguntaba a mí misma cómo fue que elegí esto para vivir, estaba loca, qué tenía que aprender, por qué tanto karma, tanto sufrimiento, tantas personas equivocadas y erróneas. ¿Sería que todo eso tenía una razón, un para qué, una explicación de por qué me sucedían tantas cosas y todas juntas? A mis 40 años entré en una crisis existencial sobre la búsqueda de mis grandes "para qué", qué deseaba realmente en la vida, qué buscaba con lograr lo que yo llamaba éxito, hacia dónde quería ir, cuál era el camino que quería recorrer. Me miraba al espejo y buscaba entenderme, verme.¿Quién estaba ahí realmente, quién era esa alma que gritaba sin parar buscando algo totalmente diferente sin poder encontrar ese horizonte y, sobre todo, destruyendo absolutamente TODO lo que amaba y tenía a su alrededor?

Muchas noches sin dormir, preocupada, me sentía una niña abandonada, olvidada y sin tener a quién abrazar.

Cada noche que pasaba siempre fiel a mis ideas de que esto lo tenía que pasar sola, que tenía que salir de ese camino oscuro y aprender absolutamente todo lo que mi alma deseaba aprender y buscar la manera de conectarme con el Universo, con mi YO SOY y toda esa energía divina que buscaba desesperadamente, algunas de esas noches volví a rezar. Algo que nunca perdí, hablar con Dios y Jesús, preguntando, pidiendo, exigiendo y demandando.

Buscando cada día una respuesta o explicación, eligiendo a veces cosas que no eran lo mejor para mi vida pero yo necesitaba volver a empezar: mis ingresos se habían ido a cero y mi vida se desmoronaba, haciéndome cargo y dándome cuenta de que tenía una bella familia y 2 hijos hermosos que esperaban todo de mí, que me miraban a los ojos, me decían TE AMO y solo esperando que todo pase, que lo mejor suceda y que la familia esté unida con un marido que estaba firme a mi lado, acompañándome muchas veces en esas noches y buscando consuelo y fe para que pudiera salir de ese lugar.

Qué decirte, pasaron muchas cosas. Logré darme cuenta de que la mayoría —por no decir todas las personas que conocí en los últimos 12 o 24 meses— no eran las personas que me gustaría ni elegiría tener en mi vida, que al final eran actores o actrices de una película que yo pagué y que tenía que suceder.

Meses buscando dentro de mí, conectando, usando mis herramientas una y otra vez, sintiéndome abatida muchas veces, y volviendo a empezar cada día. Era como el juego de la oca: a veces avanzamos y a veces retrocedemos, pero hay que llegar hasta la salida.

Y así meses y días, conectando conmigo, buscándome y perdiéndome en un sinfín de abismos y lugares, deseando ver la luz, a veces la encontraba y luego se me escapaba, se iba y todo se volvía gris de nuevo.

Cada día a la vez, una elección para volver a crear y volver a empezar. Considero que a lo largo de la vida, cuando ya tenemos experiencias y herramientas aprendidas, podemos hacerlo de nuevo, pero nunca de cero. Siempre es con algo diferente, con el aprendizaje y todo lo que eso conlleva.

Un día decidí volver, renacer, no me pregunten qué sucedió, pero un día la magia llegó, conecté, volví a sentirme un poco mejor, más en armonía con mi SER, sentí que otra vez podía volver a intentarlo, que no estaba sola, que más allá de las personas que me amaban y estuvieron ahí incondicionalmente para mí, estuve yo y el UNIVERSO. Había algo más, una energía que me respaldaba y empecé a vivir desde ahí, un día a la vez, confiando que siempre pero siempre algo más grande está ahí sosteniendo, bancando y acompañando. Confié y confío, creo en mí y creo que hay algo más.

Un día llego la luz. La vi, la percibí, me atravesó el cuerpo, vibré con ella y la elegí al 100%. Caminé ya acompañada, ya no a oscuras y pude ver el camino. En la oscuridad me daba miedo, no entendía qué pasaba, me asustaba todo el entorno. Ahora con la luz vi que era un lugar precioso, que había muchas cosas que no sabía que existían y que me acompañaban. El entorno bailaba, era muy bello y la luz hacía que todo sea mágico y yo pensaba: ¿cómo puede ser este el mismo lugar? (Te estoy contando como yo viví ese camino de la noche oscura y de manera metafórica cómo lo consideré luego de que salí de él.) Todo era diferente, todo había cambiado, esa realidad oscura ya no existía y me preguntaba a mí misma: cuántas lagrimas derramé, cuántas noches y días lloré, cuánto más me afligí y me entregué a las emociones de tristeza y oscuridad. Pero ahí estaba eligiendo, un día diferente a todo lo que había vivido y elegido antes, dejé de juzgarme, dejé de elegir cosas que NO me hicieran feliz y no me hicieran sentir entera, realizada, conectada y en conciencia con absolutamente todo lo que me rodea. Empecé a soltar el MIEDO, a dejarle su espacio y a dialogar con él, a darme cuenta de que solo era parte de mí, que muchas veces me avisaba de cosas que a él obviamente le prendían la alarma por seguridad y yo estaba ahí, viendo cómo el miedo buscaba llevarme de la mano y hacerme caminar hacia su espacio, un lugar sin poder moverme mucho, donde quedaba paralizada, donde no podía avanzar, pero ahí estaba. Un día me cansé y decidí hacerme cargo y RESPONSABLE de todo lo que sucedía: del miedo, las dudas, los temores y agarré esas emociones y empecé a manipularlas yo, con mi energía y con mi elección, aquí MANDO YO y logré que —aunque muchas veces vuelvan a aparecer— para mi bien o no, un espacio donde puedo darme cuenta de qué es lo mejor, entender, observar y llevarlas hacia donde yo voy, porque como les dije antes a ellas, aquí mando yo.

Esto fue lo que yo viví y cómo lo viví. Fue un espacio de mucha permisión para todo lo que vivía y sentía. Por momentos estaba desesperada y abrumada, pensé que había perdido la magia y que quizás nunca más la recuperaría, como un castigo por mis malas decisiones y elecciones, una forma de sufrir ese destierro del país de las maravillas donde para mí todo siempre es posible, donde siempre busco crear mucho más y dar más, donde siempre estoy al servicio y doy más de 100% quedando muchas veces sin nada. Así soy yo, esa es Lau, una persona que vino a dar mucho, a recibir del universo y a crear una vida grandiosa. No sé cuánto tiempo me lleve lograrlo, lo que sí sé es que ese futuro ya está creado y estoy caminando para encontrarme con él, cada día, con mis elecciones, mis decisiones, mi energía, mis partículas y la magia que sé que existe en este mundo, aunque no la veamos o no la creamos.

Y te digo más: aun lo sigo creando mientras voy escribiendo este libro. Me comprometo contigo a darte cada una de estas herramientas para que puedas conectar con tu alma, tu ser, y puedas salir de donde estés y elijas algo más grandioso para ti, aunque te lleve tiempo y espacio. Vamos a recorrer juntos ese sendero, ese camino donde puedas encontrarte con muchas cosas que no quieres mirar a la cara, pero es parte de ese recorrido y tenemos que hacerlo.

¿y si en realidad todo lo que Pasamos y vivimos es el examen Para Poder abrirnos al siguiente nivel?

Yo lo viví así: cuanta más conciencia pueda tener y elegir ahora, sin tener nada para juzgarme, sin culparme y siendo una mujer auténtica, con todo lo que he vivido y diciéndote que si me equivoqué muchas veces, que tomé malas decisiones, que quise ir por atajos, que me lastimé y lastimé también a personas que amo y que, a pesar de todas estas vivencias, siempre busco crear lo mejor, aprender, llevarme todo lo que mi alma vino a buscar y eligió como su camino y tener la paz y tranquilidad interior que no pudo ser de otra manera, ya que este es el único modo posible para aprender y ser más grande y mucho más consciente.

"gracias, gracias, gracias, a cada exPeriencia, vivencia y cada Persona que me imPulsó a ser mejor y a ser mi mejor versión"

Seguro te preguntarás por qué luego de haber vivido y elegido tantas situaciones no culpo a nadie, no me siento irascible o por qué a pesar de todo me pongo a agradecer todo lo vivido. Te voy a explicar por qué lo hago. Un día entendí que si yo no era eterna gratitud por todas mis vivencias, por mis experiencias y elecciones, no iba a poder crear cosas más grandiosas. Y te voy explicar cómo funciona para mí: esto es simple. Vivimos en un mundo o paradigma del Universo de dar y recibir, eso que doy es lo que recibo, pero multiplicado. Así que, la primera pregunta: ¿qué estás dando? Porque por otro lado, el tema "gratitud". Cada situación que abordamos, problemas o también obstáculos, tienen una razón de ser, un sincero "para qué" en la libre elección de nuestras almas, algo que decidimos pasar, aprobar, vivir, percibir, sentir. ¿Por qué te resistes a eso? No lo aceptas, no lo apruebas y, sobre todo, aunque duela e incomode un montón, no agradeces la situación. Eso que estás viviendo por más doloroso que sea, ya que desde ese momento todo cambia, la energía cambia, tu perspectiva cambia y el Universo entiende que todo está aprendido, que estás dispuesto a recibir cosas diferentes y creas esos espacios de nuevas elecciones y energía, llenos de posibilidades infinitas que si no hubiéramos abierto la compuerta de la gratitud, te puedo asegurar que jamás esa situación o posibilidad se hubiera presentado para nosotros.

Como yo pasé por esta situación, para empezar este libro me gustaría mucho compartir contigo qué herramientas me fueron muy útiles para apoderarme de absolutamente todo ese espacio, hacerlo mío, hacerme 100% responsable y actuar en consecuencia para que las cosas puedan cambiar. Y así fue como cada día, un paso a la vez, segundos, minutos y horas a la vez, elegía qué vida quería crear. Sabía que esa realidad que estaba viviendo era solo el resultado de viejos pensamientos y viejas ideas, que ya todo estaba cambiando, mi vida estaba girando, mis partículas empezaban a mejorar y a moverse de un lado a otro, felices de crear algo totalmente diferente para mí, ese futuro que tanto anhelaba estaba a una distancia de camino y yo había elegido hacer todo lo que tuviera a mi alcance para que suceda, solo tenía que seguir adelante y accionar cada día, en cada momento, para cambiar la energía y crear cosas diferentes.

> **LOCURA ES HACER SIEMPRE LO MISMO Y ESPERAR RESULTADOS DIFERENTES.**
>
> ALBERT EINSTEIN

Para ir cerrando, te explico un poco más qué significa la noche oscura del alma.

La "Noche Oscura del Alma" es un término espiritual y místico que hace referencia a un proceso de transformación y purificación interior en la vida espiritual de una persona. Es un concepto que ha sido explorado y descrito por varios místicos y escritores a lo largo de la historia, siendo uno de los tratamientos más conocidos el del poeta y místico español San Juan de la Cruz en su obra "Noche Oscura" en el siglo XVI.

San Juan de la Cruz lo utilizó para describir una etapa en el camino de perfección hacia la unión con Dios. Para él, la Noche Oscura del Alma es una experiencia profunda de aridez espiritual, desolación y sequedad en la que el alma siente que está lejos de Dios y se encuentra sumida en una oscuridad espiritual.

Durante esta etapa, la persona puede sentirse perdida, desorientada y experimentar un vacío interior. Es como si Dios se retirara temporalmente de la experiencia espiritual del individuo, dejándole enfrentar sus propias limitaciones y purificando su alma de los apegos mundanos y deseos egoístas.

Es importante entender que la Noche Oscura del Alma no es un estado negativo permanente, sino un proceso necesario para el crecimiento espiritual. A través de esta experiencia, el alma es purificada y despojada de todo aquello que la aleja de una relación más profunda con lo divino. En este proceso, el individuo aprende a confiar más plenamente en la gracia divina y a desprenderse de las ataduras materiales o egocéntricas.

Es un proceso exigente y doloroso pero se considera esencial para alcanzar la unión íntima con Dios. Después de pasar por la Noche Oscura, el alma experimenta una mayor cercanía y comunión con lo divino, y llega a una nueva etapa de luz y transformación espiritual.

Cabe mencionar que la Noche Oscura del Alma no es exclusiva del contexto cristiano; conceptos similares pueden encontrarse en otras tradiciones espirituales y religiosas. En general, esta experiencia puede ser interpretada como una etapa de crecimiento espiritual en la que la persona se enfrenta a sí misma y se prepara para una conexión más profunda y auténtica con la divinidad.

Esto es lo que encontré de la noche oscura del alma y quería compartirlo ya que así lo siento en lo profundo de mi corazón. Fue como esa gran batalla a la que tuve que enfrentarme para salir adelante, para conectar, para volver a sentir. Muchas veces desde esa desconexión me sentía abrumada, a pesar de no ver nada veía todo, a pesar de no sentir nada sentía todo, era una irrealidad constante, volver a estar mal y luego un rato bien y así como en una montaña rusa, como todo juego que empieza alguna vez también termina y así fue. Un día todo se fue aclarando, de a poco, cuando la bruma se empieza a correr para que puedas ver absolutamente todo lo que hay detrás de ella.

También podemos sumar paralelismos con otras tradiciones espirituales y filosóficas: la noción de la noche oscura del alma como el "nirvana" en el budismo, la "purificación del alma" en el sufismo o la "oscuridad luminosa" en el pensamiento de Santa Teresa de Ávila.

Algo que me quedó claro y me gustó mucho también es que NO todas las personas atravesamos este estadio del alma, ya que no todas estamos en esta búsqueda interna del ser o de la espiritualidad en su profundidad o camino hacia la elevación de conciencia y también está muy bien.

También comparto el hecho de que nos sucede a nivel psicológico y emocional, a pesar de que aquí me sumo al dicho de que cada persona es un mundo y es única. Por lo tanto, cada proceso también lo es, a lo que podemos sumar algunos rasgos que se repiten en esta experiencia y que tienen que ver con estas dimensiones:

- *Confrontación con las sombras internas*: Durante este proceso, la persona puede enfrentarse con aspectos reprimidos o negados de su personalidad, como miedos, traumas, complejos o comportamientos autodestructivos. La confrontación con estas sombras puede resultar dolorosa y desafiante, pero es fundamental para el crecimiento personal y la integración psicológica.
- *Sentimientos de vacío y desesperanza*: La noche oscura del alma puede estar marcada por una sensación profunda de vacío existencial y desesperanza. La persona puede sentir que ha perdido el sentido de su vida o su conexión con lo divino, lo que puede llevar a estados de depresión, ansiedad o desesperación.

- *Dudas y cuestionamientos sobre la fe y el propósito*: Durante este proceso, es común que la persona cuestione sus creencias religiosas, filosóficas o existenciales, así como su propósito en la vida. Puede haber un sentido de desorientación o desconcierto sobre qué creer o hacia dónde dirigirse, lo que puede generar angustia y confusión.
- *Sentimientos de soledad y abandono*: La noche oscura del alma puede implicar sentirse solo y abandonado, tanto por los demás como por lo divino. La persona puede experimentar una sensación de separación de Dios o de los demás, lo que puede intensificar su sufrimiento emocional y su sensación de aislamiento.
- *Transformación y renacimiento*: A pesar de la oscuridad y el sufrimiento que se experimenta durante la noche oscura del alma, este proceso también puede ser visto como una oportunidad de transformación y renacimiento. Al confrontar las sombras internas y enfrentar los desafíos emocionales, la persona puede experimentar un profundo crecimiento personal y espiritual, emergiendo de la oscuridad con una mayor comprensión de sí misma y del mundo que la rodea.

En este proceso me gustaría poder acompañarte y compartir contigo cada una de las cosas que hice, lo que me ayudó y me dio muchas herramientas para salir de ese espacio donde me sentía congelada con mis emociones "frizadas" y sin mucha esperanza de algo más. Era como esa frase —no sé si alguna vez te la hiciste— esto es la vida, PAREN EL MUNDO QUE ME QUIERO BAJAR.

Seguro pueden existir miles de herramientas más, porque cada persona que se encuentra ahora en la Tierra atravesó este camino una vez o más de una vez. Como es mi caso, seguramente en algún lugar, aparecen estas hazañas para contarlas, cómo superarlas o atravesarlas, más allá del resultado. A veces siento eso: que vamos juntando esas experiencias y desde ahí nos compartimos al mundo.

Así que aquí abajo te dejo algunos ejercicios, toma de acción, procesos y herramientas que me ayudaron. Espero que te sirvan y sean de mucha ayuda también para tu alma o, si ya lo pasaste, quizás compartimos herramientas.

Si es así, si hacemos match, espero que me lo cuentes en tus redes sociales y leerte para saber exactamente qué te pasó. Si te sientes inspirad@ me envías un email a la dirección que voy a dejarte al final del libro.

Y no te olvides: ABSOLUTAMENTE TODO ES POSIBLE, hasta el hecho de que puedas volver a nacer como el AVE FÉNIX.

EJERCICIOS

Si estás atravesando ese camino o espacio te voy a invitar a varias cosas, estas fueron las que a mí me ayudaron y te pido que hagas todas las que tú consideres que también puedan ayudarte. Espero que puedas compartirlo, si quieres me escribes o me compartes en las redes, sé que alguna vez todos estuvimos ahí. Yo te cuento lo que me ayudo a mí.

- Meditación (LA MÁS IMPORTANTE Y CLAVE DE TODO)
- Conectar con la energía cada día, yo uso la técnica de barras.
- Conectar con la naturaleza.
- Agradecer cada mañana cuando me levanto.
- Sentarme bajo el sol y simplemente SER.
- Hablar con Dios o el universo, contarle cómo estoy, hacerle preguntas y simplemente luego estar en silencio.
- Puedes hacer varias terapias holísticas, registros akáshicos, biodecodificación, barras, entrenamientos personales de alto im-

pacto, respiraciones, simplemente sigue la energía y fíjate que es lo que sientes que te contribuiría más.

- Abraza un árbol o a tus animalitos domésticos.
- Comer sano y ver qué realmente quiere tu cuerpo para tener más energía.
- Psicoterapia.
- Yoga.
- Gimnasio.
- Poner frases inspiradoras en mis espejos.
- Hablarme con amabilidad.
- Ser vulnerable al 100% y aceptarlo sin juzgarme.
- Estar conmigo misma sin interrupciones.
- Hacer mi carta del futuro, en donde escribe una Laura del futuro contándole a esta Laura del presente todas las cosas grandiosas y maravillosas que está viviendo, en tiempo presente, ponerme mucho amor, energía, diversión, expansión, de 1 o 2 carillas, todo lo que tenga ganas de crear en mi vida y leerla cada noche al irme a dormir.
- Poner audiolibros o videos que me motiven.
- Leer libros interesantes (a veces no tenía ganas, pero lo hacía a mi ritmo, a pesar de ser una ávida lectora, me sentía congelada).
- Escribir un diario.
- Conectarme con esas personas que siempre están para mí, pase lo que pase
- Amarme.
- Honrarme.
- Buscar ese espacio de conexión y silencio, y quedarme ahí algún tiempo.
- Accionar cada día, aunque muchas veces sin ganas, a hacer lo que hay que hacer para mover la energía y que ese día sea diferente; siempre digo que tenemos que hacer la acción que se requiere o que amerita tu día, para cambiar la energía y abrirnos a otras posibilidades energéticas.

- Hacer baños de inmersión.
- Conectar con el agua.
- Mirar la luna y admirarla.
- Ir al parque, acostarme en el verde césped y SER.
- Mirar el cielo y perderme en él.
- Agradecer a Dios, Universo, mis seres ascendidos y guías por cada enseñanza, agradecerle a mi alma por este proceso tan incómodo y profundo para mi SER que elegimos vivir.
- Amar mi cuerpo y conectarme con él, qué me dice, qué me pide, qué quiere hacer, cómo sacarlo de la inercia.
- Trabajar con mi mente subconsciente.

PARTÍCULAS MILAGROSAS

Partículas milagrosas es una técnica que visualicé y canalicé. Me vino la información un día mientras me duchaba y la empecé a utilizar todos los días, ya la estoy patentando y usando a nivel global de manera virtual. Si te quieres sumar a mis talleres mensuales, sígueme en redes o escríbeme por email, así te comparto toda la información, ya que esta fue la herramienta más poderosa para mí, para transformar y diseñar absolutamente TODO.

¿Si Pudiéramos movernos desde un esPacio en donde absolutamente todo es Posible, todo gira y cambia de acuerdo con nuestras intenciones, te lo imaginas?

te esPero en milagros con Partículas, un taller Para un antes y un desPués.

Eso es mi gran EUREKA, la joyita de mi corona, porque un día empecé a conectar con esa energía que podía cambiar todo. Percibía, veía, visualizaba, sentía y bailaba al compás de unas partículas que se situaban frente a mí y me mostraban que yo podía diseñar mi vida, mi negocio, mis relaciones, mi cuerpo, mi realidad financiera, mis proyectos, y mucho más con ellas, hablándoles, danzando y creando un vórtice de energía inconmensurable y llevándola hacia cada espacio de creación que deseaba crear. Era una maga con mis manos, dibujando y creando cada espacio según la meta que deseaba.

Si quieres aprender más y tener más información te espero en mis próximas clases. Qué lindo sería conocernos y que me cuentes que has leído mi libro. Me encantaría contar con tu testimonio.

Eso, te aviso, es algo mágico, algo que no está en esta mátrix ni en esta realidad, algo totalmente fuera de lo convencional. Si conectas y crees que podría ser una hermosa llave para tu vida, pues ahí te espero ya que está disponible para cada persona de este Universo. Creo que nos olvidamos de absolutamente todo nuestro saber, solo es cuestión de ir recuperándolo, paso a paso, elección a elección. Si eliges crear tu vida desde este espacio, te espero para jugar con las partículas.

Te veo en mi Taller, y no te olvides: cada una de las cosas que pasamos y diseñamos, las elegimos nosotros, en conciencia o en inconciencia, pero a hacernos responsables así podemos cambiar absolutamente TODO.

También te regalo una mis danzas con partículas que la puedes escuchar en mi canal de YouTube y así entenderás un poco más de qué se trata y la podrás disfrutar.

Espero tus comentarios.

LA LLAVE DE LA BENDICIÓN OCULTA

Me di cuenta de que mis pensamientos me llevarían a un lugar adonde yo quería llegar, pensamientos sobre que yo podía cambiar todo y crear algo mejor para mi vida. Pero cuántas veces tenemos tanto miedo que no nos deja funcionar, arrancar, conectar con nuestro ser y elegir libremente y movernos libremente.

Cuando logré conectar con esa parte mía —no sólo mía, nuestra— como seres humanos que somos famosas habilidades superiores llegaron para conectar con lo más profundo de nuestro ser, y actuar en consecuencia.

Pero todo empezó en mi mente en mis conversaciones internas, creyendo que así iba a ser, desbancando los pensamientos limitantes y las programaciones que me frenaban para poder lograrlo.

Yo creí un día que podía y así fue como todo iba a cambiar en mi vida: en lo más profundo de mi ser siempre supe sobre los cambios y que sería algo no sólo para mí sino también para otras personas, más almas para conectar con algo mucho más grande.

Recuerdo que desde mis 27 años estoy buscando esta conexión con lo espiritual y no voy a hablar de ninguna religión, no tiene que ver con eso, tiene que ver con mi conexión espiritual con la pregunta quién soy —*Who I am?*—, percibo que la pregunta en inglés tiene otra impronta. Ahora en mis 40 digo qué hermoso ver todo el recorrido, no importa dónde naciste, no importa en qué país, no importan las creencias, no importa el nombre que te pusieron, importa lo que está dentro tuyo, en tu corazón, en tu espíritu, guía, sustancia infinita, esa chispa.

A veces solo vemos a través de nuestros sentidos, los cinco sentidos y nos olvidamos de que es muy importante percibir, vibrar, que todo es energía y que todo primero está creado con la energía, una energía que trabaja la paz del universo con nosotros a través nuestra imaginación, visualización, percepción y luego se crea en el plano físico la famosa ley de la atracción.

Puedes llamarlo como quieras, como más te guste: energía, conciencia, espíritu, llama, o como lo llamaba mi antiguo mentor Bob Proctor: chispa divina. Eso que se encuentradentro de nuestro corazón y nos pide sanar para soñar y a estar todo el tiempo conectado para poder crear mucho más fuera de esta realidad.

Esa magia infinita de amor y paz, esa energía que sabe que todo es energía y busca la manera de explicar absolutamente todo, cómo funciona el mundo… si nos pusiéramos a pensar que todo es energía, ¿cómo funcionaríamos?

"

LO ÚNICO QUE CRECE ES AQUELLO EN DONDE PONES TU ENERGÍA.

RALPH WALDO EMERSON

CAPÍTULO 2
LA ENERGÍA

¿QUÉ ES LA ENERGÍA?

Bien, vamos a empezar por este bello recorrido: qué es la energía y por qué es clave entenderla ya que todo es vibración, frecuencia y energía.

Todo se mueve con energía y es la base de absolutamente todo el mundo físico tal cual como lo conocemos, sólo que no lo podemos ver, sólo podemos vibrarla y expandirla.

La energía es todo y todo es energía, desde la mesa que tengas en tu casa hasta todo nuestro cuerpo. Según Bob Proctor "tenemos más de 11 millones de KW de energía en nuestros protones y neutrones" y así y todo vamos por la vida diciendo que no tenemos energía. Nuestros pensamientos, emociones, todo es energía, todo vibra en comunión con la energía, no lo digo yo, sino científicos cuánticos. Se trata de leyes universales de nuestro mundo que son clave para nuestra vida: crean absolutamente todo lo que nos rodea o veamos materializado. Lo que nunca voy a entender es por qué lo tomaron como algo esotérico o que solo está relacionado con la religión, cuando debería ser parte de la enseñanza de algo más y sumarlo a nuestra educación.

No es mi idea ponernos a debatir sobre cuál debería ser o no ser la educación en los días de hoy para nuestros hijos y para nuestro país, lo que te puedo compartir es que ya cada vez hay más personas que están de acuerdo en que la educación quedó desactualizada. Y aunque fuera la única persona en el planeta te diría que me encantaría que pudieran enseñar estas herramientas a todos los niños y niñas. Percibo a la educación fuera de moda, arcaica y en algún punto de siglo pasado en varios temas desarrollados; por favor, no quiero que se mal entienda ni se malinterprete y que ataco la educación, a los docentes, a los maestros que dan todo su amor para poder enseñar. Al contrario: es mi humilde punto de vista sobre qué podríamos dar para mejorar nuestras vidas.

Volviendo al tema que nos concierne dijimos que sería muy útil aprender a temprana edad cómo funciona el universo y cuáles son las leyes que lo gobiernan, el origen, que podamos apalancarnos en estas leyes, que no sea casual, que podamos conocerlas. No tener educación o información sobre ellas puede funcionar en contra nuestra. Tenemos el poder de crear algo mucho más grande. Todo lo que realmente queremos lograr en nuestras vidas, la conexión con algo más y la certeza de que vivir no es sólo estudiar, trabajar y tener pareja, o cumplir ciertas normas y ser exitoso o acumular cosas. Vivir se trata de algo mucho más profundo que tiene que ver con nosotros mismos, con nuestro espíritu, con nuestro propósito.

La energía está aquí esperando transformarse en todo lo que nosotros deseamos para nuestra vida.

DARSE CUENTA

Un día me di cuenta de que mi vida se había convertido en exactamente todo lo que yo soñaba y esperaba. Por supuesto que siempre siguen sucediendo cosas que estamos creando de manera inconsciente y ahí es donde digo: por qué creé esto, cuándo lo elegí y forma parte también de mi creación solo que a veces es competencia inconsciente. Lo que quiero que te lleves de todo lo que estoy tratando de bajar en palabras es el hecho de que hay que buscar la competencia consciente, ya que así de despabilados, podemos darnos cuenta de que tenemos todas las herramientas para volver a crear desde otro lugar cuando lo que vemos no es lo que queríamos o perdemos cosas que no entendemos por qué pero tenemos la habilidad de volver a hacerlo. Trayendo un ejemplo tangible, muchas personas que perdieron su fortuna pudieron volver a hacerla de nuevo, desde cero o quebrados, ¿y cómo lo hicieron? Porque sabían que tenían la competencia consciente para poder crear la energía del dinero de nuevo, saben el camino, saben cuál es el *mindset* necesario para poder crear.

Recuerdo hace muchos años atrás pensar cada minuto y escribir cómo me gustaría que fuera mi vida, cómo la soñaba o esperaba y así fue como tuve muchos diarios escritos desde cuando era pequeña, sueños, anhelos y muchas aventuras de cómo sería mi vida.

Pasado el tiempo me doy cuenta de que todo lo que deseaba lo veo reflejado en mi vida material y, a veces, me pregunto cómo pude lograrlo, crear absolutamente todo esto.

Quiero que sepan que no es suerte para mí. La suerte no existe: yo la creo, yo la elijo y elijo absolutamente cada una de las cosas que quiero crear para mi vida. Pero volvemos al punto cero, volvemos a donde todo empieza. Tiene que ver con un pensamiento al que le puse emoción, la emoción y el pensamiento fueron escritos, bajados a papel para tener una guía hacia dónde ir.

Primero creí todo en mi mente. Ahí existió primero. Luego conectado con esta sustancia universal que llamamos universo-energía, sin forma, hay muchos nombres. Pero todo empezó en mi mente. Creo que a pesar de que llevo varios años germinando todas estas ideas, estos sueños,, estos anhelos lo que yo tenía en claro y en mi corazón era un deseo ardiente de llegar a cumplir estas metas. No sabía cuándo iba a suceder, sólo sabía que iba a hacerlo.

Hoy cuando miro cómo es mi vida, mi casa, me doy cuenta de que este círculo perfecto de manifestación no solamente me incluyó a mí si no también zonas que hoy me acompañan en esta senda.

Siempre supe en lo más profundo de mi espíritu que así iba a ser.

Que lo iba a lograr, que iba tener la vida que siempre quise, que iba a dejar mi trabajo en relación de dependencia, cumplir mis sueños, ser emprendedora, ser escritora, conferencista y llevar mis ideas a millones de personas alrededor del mundo, de alguna forma mi gran meta. Y acá estamos tú y yo que damos cuenta de que en realidad todo primero fue creado en la mente.

A qué voy con todo esto: generalmente todo fue creado primero en la mente. Otra ley de la germinación dice que todo tiene un tiempo hasta que se vuelve realidad y, de a poco, se abrió camino para crear mi vida actual en la materia.

Te vuelvo a preguntar, a tu alrededor, ¿cuántas personas más están dormidas sin darse cuenta de las habilidades maravillosas que tenemos? Somos tan grandes como creadores que podemos llegar a ser.

Deja de contarte cuentos, que no puedes, que no llegas, que no te lo mereces, que no sea suficiente, que no lo lograrás. Cuando esto suceda recuerda que todo esto está ensamblado en la base de tus paradigmas, tus programas y tus creencias limitantes en tu mente subconsciente.

Ahora vamos a cocrear con la sustancia infinita, con el universo. Esa cantidad de dinero que te gustaría generar, esa familia que te gustaría tener y crear... Vamos a empezar estando ciento por ciento conscientes y utilizando nuestro cuerpo como instrumento.

Hablemos de los cuatro cuerpos del ser humano: cuerpo espiritual, cuerpo mental, cuerpo emocional y, por último, el físico. Seguro escuchaste hablar mucho de varios de estos cuerpos, algunos se pusieron de moda las últimas décadas como el emocional y mental y ahora está en tendencia también la espiritualidad.

Todo es mente. Relata el libro del Kybalión de la filosofía hermética —nos habla de los 7 principios que rigen el universo— que todo es mente.

¿Por qué todo es mente, por qué hablo de algo tan importante como la mente? Entender el primer principio y el más importante de los principios que rigen este plano, un principio y una ley, una ley universal que dice todo es mente.

El todo es mente dice el Kybalión, un libro escrito en la antigüedad, con palabras y explicaciones de filosofía hermética, que vienen de un filósofo y maestro de la época del auge de la civilización egipcia antigua que, luego fue tomado como la base de muchas enseñanzas.

Este principio es el más importante y, si lo entendemos, tenemos la llave absolutamente de todo. Dice que todo es mente, que el todo es mente, no quisiera aburrirte con esto, pero puedo decirte que esto es lo más importante de entender: que todo se crea primero ahí y no sólo tienes que verlo con tu mente o con mi mente, tiene que ver con el hecho de que absolutamente todo lo que podemos ver en el plano físico o en nuestro planeta, primero fue creado en la mente de alguien.

Guau. Seguido quiero que grabes a fuego lo que acabo de decirte. Que si nosotros entendemos este principio y cómo funciona el universo, todo lo que deseamos lo podemos crear, materializar.

Recordemos que todos los objetivos y metas tienen que ser sobre nosotros, sobre nuestra vida, sobre nuestra realidad, ya que nunca podemos pasar por encima del libre albedrío de las demás personas.

"

EL TODO ES MENTE, EL UNIVERSO ES MENTAL.

KYBALIÓN

Esto nos lleva poder conectar con lo que venimos desarrollando a lo largo de este libro: el universo es mental, nuestros pensamientos son cosas y todo lo que pensamos lo podemos crear, una manifestación en nuestra vida física.

Hay que conectar de nuevo con esta mente universal, esta sustancia uniforme, esta energía —como te guste llamarla— para llevar adelante esa gran vida que te gustaría tener.

Algo que me quedó muy en claro y tuve mi experiencia espiritual de darme cuenta es que la llave de todo, de la realización y de tener una vida realizada o de ir en pos de eso, es crear estos pensamientos correctos en la mente para que puedan germinar.

La mayoría de las personas tienen muy en claro qué es lo que no quieren y se pasan la vida pensando lo que no les gustaría que suceda en vez de pensar en lo que sí les gustaría que suceda: tener pensamientos del lado positivo y no del lado negativo. No me voy a poner a explicarte qué son los pensamientos positivos, eso va mucho más allá. Tiene que ver solamente con el hecho de que tengamos muy en claro de manera consciente qué es lo que realmente queremos.

Sabes lo que quieres.

Esto va mucho más allá de todo. Tiene que ver con nuestra esencia, nuestro espíritu, nuestra conciencia, pero lo que pasa es que estamos conectados con el programa, con la matriz —muchos la llaman de esa manera— antes de con lo que realmente sucede y lo que realmente importa, y no podemos cambiar las cosas.

Esta es el clave número uno que habilita a cualquier individuo que se aplica. Todo esto puede generar una vida de bienestar y desarrollo. Eso dice el libro del Kybalión.

Este principio explica la verdadera naturaleza de la energía de la materia, cómo absolutamente todas las fuerzas están subordinadas al dominio de la mente.

SOMOS ENERGÍA

¿Qué te resuena de todo lo que venimos hablando? Que somos energía, que todo es energía, que podemos crear absolutamente todo lo que nos rodea, que somos fuente de creación divina y que, si conectamos con nuestro saber, podemos entender de manera consciente cómo sucede la creación de las cosas, aquí, en nuestro mundo material. Imagínate cuando me di cuenta de que absolutamente todo lo que veo frente a mis ojos o con mis sentidos lo creé yo, siguiendo la línea de la alquimia, obviamente me hago cargo de lo bueno y de lo que no me gusta mucho tampoco, honestamente, es un todo. Solo siendo responsables podemos crear algo diferente.

Si todo es energía, seguimos con esto, nada se crea ni se destruye, absolutamente todo se transforma. Una vez leí que el Universo está hecho de una materia sin forma, que toma la forma que nosotros creamos con nuestros pensamientos. Porque miles de sueños y metas se cumplen cada día, que quizás en otro momento hubieran sido imposibles de creer o de crear, o eran consideradas locuras para esa época, y hoy vemos y convivimos con miles de creaciones increíbles y milagrosas que ya forman parte de nuestro día a día y así podemos seguir charlando.

Estamos todos conectados con las plantas, los animales, el universo, otras personas alrededor del mundo. Alguna vez te pasó que estabas enfocada en algo, buscando algo y de repente aparecieron las personas, los recursos, las oportunidades, esa llamada o eso que exactamente estabas buscando para avanzar, lograr tu meta o ir por tu deseo. Esto no es casual. Lo fuiste creando tú a medida que avanzabas y sugestionabas tu cabeza, tus pensamientos, tus ideas, para llegar a tu meta.

Recuerdo hace unos meses atrás, estuve de viaje en Nueva York por cinco semanas. Fui a reforzar y a seguir aprendiendo el idioma inglés y me encontré atascada a nivel personal con varios negocios que estaba haciendo en ese momento, y no me preocupé ni caí en la tentación de sentirme mal, culparme o sentirme frustrada. Al contrario. Sugestioné mi mente como nunca lo hice en mi vida, a crear otra realidad, mis negocios se hundían y mi economía con ellos, pero yo, en esa ciudad donde todo era posible, buscaba y creaba la respuesta a todo recibiendo las infinitas posibilidades que me brindaba. Así fue como los frutos de esos pensamientos —trabajar en mis metas, enfocarme en crear otra cosa, buscar no caer en la quiebra y abarajar posibilidades— llegaron para mí varios meses después. Para eso pasé todo el proceso: toqué fondo como decimos en Argentina y volví a salir. No sé qué fue o no necesario, solo sé que me hice vulnerable y así me llené de valentía, superé mis vacíos, acomodé mis finanzas y aparecieron muchas oportunidades en las que volví a confiar, a crear mis hábitos y deseo ardiente, con mi meta, mis metas, pero solo fue después de 4 meses. Me di cuenta de que la vida que estoy viviendo hoy tiene que ver con los pensamientos que tuve en el pasado; no tiene nada que ver con la persona que soy hoy ni con lo que pienso y creo hoy, sino con lo que estuve pensando y creando hace unos meses atrás. Y así cada día, de acuerdo con lo que nos sucede, no se trata de una creación del hoy sino del ayer y tenemos miles de posibilidades para seguir creando cosas diferentes.

Una vez leí también que nuestra mente es un centro de operaciones divinas, y dije "wow", qué fuerte… si solo estuviéramos más conscientes todo el tiempo de que podemos ir creando todo a nuestro paso.

JALAR ENERGÍA

Un día aprendí que podemos jalar energía de todo lo que nos rodea, como así también —obviamente— muchas cosas nos jalan energía. Vamos a hacer dos cosas: me gustaría que juntas repasemos los hechos o actos que nos jalan energía y hagamos una lista; y otra que diga qué nos llena de energía, dónde podemos jalar energía. Te doy un ejemplo: a mí me gusta mucho jalar brío del mar, de la naturaleza, de abrazar un árbol, de tomar solcito, aunque sea invierno, así me siento llena de vida y conectada de nuevo, también entendiendo que con esos pequeños actos puedo tener un día mucho más expansivo y lleno de infinitas posibilidades.

Jalar es simplemente atraer, llamar a la energía.

Por otro lado, están las acciones, personas, situaciones que nos jalan energía a nosotros, ¿cómo podemos hacer para no quedarnos con la batería baja? Se me ocurren varias cosas y obviamente la fácil sería "evitarlo", pero muchas veces no es posible, ante lo cual sería una muy buena herramienta estar consciente al 100% de lo que está sucediendo, no entregarles nuestra fuerza o poder personal al otro, entender que el otro si es una persona tiene sus creencias y programaciones. Me encanta salir del juicio (por lo menos lo intento todo el tiempo) y verlo desde otro lugar. Si es una situación o varias acciones que tenemos que llevar a cabo, buscarle las bendiciones ocultas, agradecer, desapegarnos y seguir como paso obligatorio para llegar adonde queremos llegar, siempre en permisión y agradecimiento del proceso.

Una vez escuché una frase muy dicha en coaching de equipos y tenía que ver con esto de que: "TODO ES PERFECTO".

CHAN. Imagínate mi cara, mi mente y mis pensamientos después de esta frase TODO ES PERFECTO. O sea: que haya sucedido tal o cual cosa fue perfecto, claramente para algunas circunstancias así lo era, pero para otras no.

Hasta que entendí o logré discernir esto: cómo aceptar las situaciones o momentos de la vida. Entiendo que es solo un paso más para el siguiente y que muchas veces no entendemos qué es lo que nos sucede, pero así es. El evento es neutro, solo que nosotros le ponemos sentimientos, emociones, dirección, polaridad.

Si sabemos que somos energía y que ahí tenemos una de las claves de nuestra existencia, cómo no vamos a estar activos y preparados para jalar energía. Conectar con la fuente, sentirnos con toda la batería cargada para poder salir ahí, hacia la 3D por nuestros sueños.

TRANSMUTACIÓN Y ALQUIMIA

Todo cuanto pensamos en alquimia implica pensar en una piedra filosofal o en el arte de conocer la posibilidad de poder convertir absolutamente cualquier piedra en oro.

Cuando me refiero a que puedas hacer alquimia en tu vida enfoco en la posibilidad de poder realmente transmutar tu vida y crear esa vida de oro, relaciones de oro, con esa familia de oro, con esa relación de trabajo de oro que te gustaría para ti. Considero que todos somos alquimistas, a nuestra forma y como nos sale, solo que siempre el conducto es el mismo: el

Universo a través de la energía y como absolutamente todo lo que deseamos ya está creado, solo hay que bajarlo a este plano material. Esa casa que quieres ya está creada y esperándote en algún lugar, como ese auto, ese trabajo, esa empresa, esa pareja, esa familia, ese gran amor, esas aventuras, esos viajes, esos lugares, solo tienes que hacer la transmutación y crear eso en lo que estás enfocado y quieres para tu vida. Sí, leíste bien: eres un alquimista, una alquimista, solo que, en la mayoría de los casos, cuando nos suceden cosas que deseamos de corazón, creemos que es un milagro. Aunque si así lo fuera, lo creaste y manifestaste tú, y cuando nos creemos merecedores de ellos, ahí todo cambia. Pero... ¿qué pasa cuando nos suceden cosas que no nos gustan y si esas también las creamos nosotros? Quiero que entiendas y seas consciente de todo lo que puedes hacer y manifestar, porque tenemos superpoderes, aunque te cueste creerlo y no entiendas muchas veces, por tener la competencia inconsciente, así sucede y así es.

No te pido que me creas, solo te pido que ordenes tus pensamientos, enfoques tu energía, elijas una meta y crees el hábito de la acción y la emoción. Te puedo asegurar que vas a llegar mucho más rápido de lo que imaginas y cuando así sea, ¿quién será el alquimista?

CÓMO NOS CONECTAMOS CON LA POTENCIALIDAD DEL UNIVERSO

Imaginemos esto: nosotros creemos que somos seres únicos y que estamos totalmente separados unos de otros y también de toda la creación que vemos y vivimos con nuestros ojos ahí afuera. Hace muchos años, leí que eso no es real, la separación es un invento o un juego de EGO. Esto podemos tomarlo y estudiarlo en profundidad ya que este EGO forma parte de cada uno de nosotros y se desarrolla de la mano de nuestra personalidad. A mí me gusta hablar del EGO desde un lugar más espiritual y profundo. También tiene su desarrollo en la psicología ya que fue un tema de estudio de varios y largos años para entender cómo funcionamos, cómo nos relacionamos, vivimos y tomamos decisiones en nuestra vida.

Bien, hoy quiero traerte algo un poco más sutil. Quiero que veas el EGO como esa parte que forma parte de nosotros, que nos diferencia de cada humano. A la vez, todo tenemos nuestro EGO, viene de la mano con nuestra forma de manejarnos en el mundo, cómo hablamos, nos movemos y, muchas veces, también lo veo, en esas conversaciones internas conmigo misma. No quiero ponerme a hablar científicamente ni psicológicamente, con lo cual, si perteneces a alguna de estas ramas, te pido que solo observes adónde te quiero llevar conmigo. Mi EGO me lleva a pensar desde un paradigma de competencia, a sentirme sola, diferente, fuerte o débil, o tomar ciertas decisiones y muchas veces a sentirme que estoy sola en este mundo cuando, en realidad, YO SOY PARTE DE ESTE MUNDO. Siempre lo veo como un juego de voluntades. Esta es mi experiencia y, a veces, no te voy a mentir, también lo escucho, siempre está ahí conmigo. He luchado durante años contra él, pero me di cuenta de que los dos éramos parte de algo único, y que la única forma de potenciarnos era acompañarnos, escucharnos y enfocarnos juntos para ir hacia donde quiera ir.

Muchas culturas ven al EGO como algo malo. Según la teoría del psicoanálisis de Freud, EGO es esa "parte parcialmente consciente de la personalidad humana que controla la motilidad y media entre los instintos del ello, los ideales del superego y la realidad del mundo exterior".

Ahora, habiendo hecho esta pequeña introducción, quiero llegar al punto de que en realidad, él está haciendo su parte y de alguna forma, si no nos escuchamos, nos olvidamos que somos parte de algo mucho más grande: somos potencia, es una ley del Universo y te voy a contar un poco cómo funciona. Si nosotros nos conectamos con esa gran fuerza infinita, invisible, esa energía de la que te vengo hablando desde el día uno donde podemos todos enchufarnos y fluir, concretar absolutamente todo lo que deseamos, lo que buscamos, está ahí presente, dice una de las leyes herméticas que "como es arriba es abajo", ¿a qué se refería? Al hecho de que como son las cosas en la imaginación, la mente, el interespacio que no vemos, donde fluye toda esta energía infinita y poderosa, fabulosa, que nos acompaña a crear todo lo que queremos, solo tenemos que conectarnos, porque nosotros también somos parte de este Universo y somos parte de esa potencia. Me viene esa famosa frase, sacada de la Biblia: "HECHOS A IMAGEN Y SEMEJANZA DEL CREADOR". No quiero hablar de religión, ¿si? Solo quiero que veas el punto conmigo, que esto es así y que nuestro poder interior reside en todo esto que podemos crear y ser, en este plano, en este momento, aquí y ahora.

Y seguro te preguntarás, ¿cómo me conecto con toda esa potencialidad? Y la verdad es que la respuesta es sencilla: con tus metas, con tus pensamientos, soñando, visualizando, autosugestionándote, meditando, enfocando nuestra energía con mucha emocionalidad, deseo ardiente, en nuestros corazones, ¿cómo la ves?

EJERCICIOS

Vas a buscar una lapicera y vas a escribir aquí y ahora cuál es tu deseo ardiente, ese que te enciende, y con cualquiera de las técnicas o todas antes mencionadas, vas a emocionalizar ese deseo, y luego van a bajarte ideas y acciones para que puedas llevar a cabo, todo eso que estás buscando:

DESEO PERSONAL

. . . .
. . . .
. . . .
. . . .
. . . .
. . . .
. . . .
. . . .
. . . .

DESEO PROFESIONAL

. . . .
. . . .
. . . .
. . . .
. . . .
. . . .
. . . .
. . . .
. . . .

Nota al pie y muy importante: Tómate estos valiosos minutos para tus ejercicios, me lo vas a agradecer, hay una bendición oculta atrás de todo lo que te estoy trayendo y así empezaron mis saltos cuánticos y HOY quiero compartirlo contigo, para que tú también lo puedas lograr.

FLUIR CON LA ENERGÍA

¿Te pasó alguna vez que querías algo, o estar en algún espacio, con algunas personas, en cierto momento y sentiste una gran resistencia? No estabas cómodo, te querías ir, o antes de ir a ese lugar algo te pasaba, tu sexto sentido te estaba diciendo algo, y la mayoría de las veces no lo escuchamos. Yo llamo a esto seguir la energía y es muy importante porque cuando seguimos la energía y fluimos con ella, las puertas se abren, hablando metafóricamente. Entonces, cuando tú percibas que la energía no es la correcta, no fluye, ya sabes que tienes que hacer y te voy a traer varios ejemplos para que logres entender lo que te quiero contar.

Muchas veces sucede que queremos forzar las situaciones, momentos, acciones, para lograr algo que deseamos y nos ponemos, en algunos casos, muy testarudos con respecto a lo que queremos lograr. Pero en ocasiones, cuando esto sucede, es siempre por algún bien mayor. En ese momento —y ahora hablo por mí— despotrico y me enojo, pero luego entiendo que hay algo superior que me está diciendo por dónde tengo que ir. A lo largo de los años, logré verlo de esta manera, y te invito HOY a ti a que no te resistas ya que como bien todos sabemos:

lo que resiste, Persiste.

También puede suceder lo contrario: la energía fluye, nos sentimos cómodos y estamos como pez en el agua. Me encanta vivirlo así, me pasa todo el tiempo y siempre caigo en cuenta cuando esto sucede, cada vez más, es muy sutil. Lo veo, lo percibo, lo siento y me atraviesa el cuerpo. Así que quiero que con esto que te traigo puedas conectar contigo y con tu SER, con tu YO SOY, y empezar a seguir la energía de absolutamente TODO lo que tienes para crear.

Hazle preguntas al universo o a Dios, y no me refiero a sentarte a dialogar con otra persona, he dicho preguntas, preguntas en voz alta, y que la energía se muestre, que pueda guiarte, o si te gusta hablar con Dios, también lo puedes hacer. Yo hablo con Dios y con el Universo porque para mí son lo mismo, pero esas son mis creencias y valoro y respeto las tuyas. Así desde hoy, haz preguntas, estate presente, astuto, observando qué acontece, luego me cuentas.

Si te diste cuenta de algo, te pido que me lo escribas o pongas en las redes sociales, lo que quieras compartir…

Ahora espero una foto tuya o del libro.

CON EL HASHTAG #YOELIJOTENEREXITO
@LAUPEREZSAADE

"

DECIDES DÓNDE ESTÁS CON AQUELLO CON LO QUE CUENTAS EN ESE MOMENTO.

MARÍA LAURA PÉREZ SAADE

CAPÍTULO 3

HABLEMOS DE ÉXITO

> ❞
> EL ÉXITO ES LA REALIZACIÓN PROGRESIVA DE UN IDEAL DIGNO.
>
> EARL NIGHTINGALE

¿QUÉ ES PARA TI EL ÉXITO?

Me encanta ir leyendo o escuchando diferentes autores sobre el tema del éxito y qué significa para ellos. La frase o significado de éxito que más hizo eco en mí fue una de Bob Proctor donde decía que el éxito empieza con el pensamiento.

Antes que nada, agradezco toda su enseñanza como mentor y cómo dejó tanto entendimiento para mi vida. Honestamente me puse a pensar en esta palabra y dónde estaba parada yo con mis creencias y paradigmas frente a esta palabra.

¿Qué era el éxito para mí? Para mí fue cambiando, fue mutando. Antes era conseguir un buen trabajo en alguna empresa prestigiosa, para escalar y llegar a un puesto gerencial, recuerdo que eso quería, ser manager. De la mano de eso era recibirme, tener una carrera profesional, a la vez terminar mi posgrado y seguir estudiando idiomas, cursos, MBA, para tener esas posibilidades que estaba buscando. Luego un día todo viró y me di cuenta de que no quería eso, que eso era lo que me marcaban las creencias y programas arraigados en mi mente subconsciente y no tenían nada que ver conmigo, sino más bien con los demás. Me empecé a visualizar siendo empresaria, ganando cierta suma de dinero, creando conciencia en el mundo, dando talleres, seminarios, mentorías, expresando mi conciencia y compartiendo con otras personas, miles de personas, un despertar más allá de todo lo que aprendimos, lo que nos enseñaron y que creímos único.

Hoy te invito a que me cuentes tu historia, a que me digas qué es el éxito para ti, cuándo te sientes exitosa, exitoso, haciendo qué, cuál es la meta que te haría sentir exitoso, cuáles son los lugares a los que quieres arribar para sentirte de esa manera, qué objetivos tienes.

Vayamos a nuestras metas y seguro te preguntarás cómo medimos el éxito, qué hace o qué nos dice que somos o no somos exitosos. Para mí todo empieza con una meta ya que si no tenemos una meta, cómo vamos a medir el éxito, sobre qué, qué estábamos buscando o queriendo lograr y tener éxito, qué nos movilizaba, ya que sea que nunca lo bajaste a papel o nunca lo declaraste. Tú en algún lugar de tu ser sabías qué querías lograr, cuáles eran esos objetivos, ya sea familiares, laborales, financieros, profesionales, personales, pero... ¿cómo podemos darnos cuenta de si en realidad yo solo tuve una vaga idea y nunca bajé en claro o fui concreta con lo que quería lograr? Y ahí me vienen varias cosas. Dicen que nunca es tarde, entiendo que es una frase trillada pero, ¿cuándo te vas a tomar el tiempo para enfocarte en lo que realmente quieres, qué tiene que suceder, sin importar cuánto tiempo te lleve? Total, como me dijo una vez una amiga y mentora: el tiempo pasa igual. Y si el tiempo pasa igual podemos seguir creando, a pesar de lo ya vivido, ver hacia dónde queremos ir, en qué nos queremos enfocar, qué queremos lograr. Esas metas, esos objetivos por cumplir van a ser tus ideales dignos, los que quieres lograr porque nadie ya se atreve a soñar, porque no vamos por lo que queremos. Y acá la respuesta es tan simple: por miedo, miedo al fracaso, al qué dirán, al anunciar a los cuatro vientos que vamos por tal o cual cosa y luego no lo podamos lograr. Te propongo reservar cada una de esas metas para tu alma, tu esencia y solo trabajarlo cada día contigo, con tu ser, con tu esencia, e ir logrando cada meta.

Una vez entendí que para ir por algo lo tengo que desear profundamente. Eso me tiene que emocionar, llenarme el ser, hacerme sentir viva, quererlo profundamente y, como dice Napoleón Hill, tener un deseo ardiente. Entonces, lo que quieres lograr realmente te importa o te queda mejor donde estás, en la comodidad o incomodidad de tu entorno, ya que para ir por nuestras metas, para tener éxito en esas metas, tenemos que salir de la zona de comodidad y rodearnos de incertidumbre, seguir adelante a pesar de no tener visibilidad de lo que tenemos adelante, solo confiar que estamos yendo por el camino o sendero correcto. A veces tenemos miedo, no sabemos si confiar, no sabemos por dónde ir o cómo seguir avanzando hasta llegar a una de esas paradas donde están nuestros logros esperando. Estación en estación.

Y cuando llegamos a esos espacios de logros —porque te puedo asegurar que sí o sí a lo largo de tu vida, no sé cómo fue, dónde estuviste, qué hiciste, pero tuviste varios logros, más adelante vamos a hacer un ejercicio de reconocimiento escrito de cada uno de ellos—, si te pido que traigas hoy a tu memoria esos logros que tuviste, por más grandes o pequeños que tú consideres que sean, son logros que aprendiste, que supiste resolver, que lograste desarrollar una habilidad, lo querías y lo obtuviste. Me gustaría que lo traigas ahora a tu mente consciente, que lo recuerdes, que percibas esas sensaciones y emociones que se apoderan de ti, que te des una hermosa palmadita en la espalda y digas: **"Me reconozco por este logro"**. No importa si fue hace varios años, meses o fue ayer.

Solo quiero que te tomes unos minutos para reconocer que puedes lograr lo que te propongas como ya lo has hecho antes, sin importar el tamaño de lo que ahora quieras lograr o lograste antes. Eso es solo cuestión de enfoque.

¿Por qué te pido esto? Por el hecho de que vamos por la vida esperando el reconocimiento del afuera, ya que forma parte de nosotros y es clave para nuestra autoestima. Cuando crecemos es muy importante ser reconocidos, amados, respetados, pero recordemos la pirámide de Maslow: él hablaba de las necesidades básicas del ser humano y luego nos traía 2 tipos de necesidades de reconocimiento: una inferior que incluiría la necesidad de respeto, amor y dignidad de parte de los demás e, incluso, el deseo de fama o estatus. Y otra superior, basada en la necesidad de respeto hacia nosotros mismos, la cual está directamente relacionada con la autoestima y la autoconfianza.

Por mi parte cuento que busqué mucho tiempo el reconocimiento del afuera. A pesar de tener una familia con sus problemas o vacíos en algunos temas, de que mis padres se hayan separado cuando yo tenía 11 años y todo lo que conlleva luego ser la única hija mujer y la mayor de mis hermanos, la rebeldía que eso creo en mí, los problemas con el sexo opuesto y mis inseguridades de juventud que al pasar los años fueron sanados, hablados, con distintas terapias y herramientas, hoy me siento muy feliz de decirte que absolutamente todo fue un gran aprendizaje. Ya no busco el reconocimiento de los demás sin primero encontrarme con el mío, mi mirada de amor conmigo misma frente al espejo, darme un abrazo, decirme te amo y conectar con todo lo que hago desde mi ser infinito. Sé que todos podemos pasar en mayor o menor medida por este lugar de esperar ser reconocidos laboralmente, profesionalmente, o por nuestros padres, nuestros maestros, nuestros amigos, nuestro entorno. Te invito a que hagamos un cambio de perspectiva y ahora pongamos foco en que primero te reconozcas a ti, te agradezcas y luego veremos qué pasa ahí afuera.

"

EL ÉXITO NO VIENE DEL RECONOCIMIENTO AJENO, SINO DE LO QUE SEMBRASTE CON AMOR.

PAULO COELHO

AUTORRECONOCIMIENTO: ¿PUEDES SER TÚ Y TENER ÉXITO? ¡¡¡OBVIO QUE SÍ!!!

Quiero celebrarte por estar acá leyendo este libro, por querer mejorar, crecer, cambiar, por todos los obstáculos que superaste y viviste, naciste, creciste, decepciones, injusticias, inconvenientes, problemas y aquí estas, vivo, así que quiero que lo celebres. Eres un éxito por llegar hasta acá.

Algo que leí una vez y me pareció muy hermoso, te invito ahora a que tú lo hagas: leer todo lo que lograste hasta HOY. Aprender a andar en bicicleta, manejar, terminar el colegio, ganar algún concurso, escribir algo bonito... Quiero que paremos unos minutos y empieces a conectar con esa lista de todos tus éxitos. Podrías escribir 60 triunfos de tu vida, o 100 éxitos... Quiero que dejes de echar culpas, sentirte mal, machacarte por la vida que te tocó y empieces a premiarte por todo lo que lograste y has ganado, así que te invito a escribirlos.

EJERCICIOS

Mis 60 éxitos o más:

1.	31. . . . .
2.	32. . . . .
3.	33. . . . .
4.	34. . . . .
5.	35. . . . .
6.	36. . . . .
7.	37. . . . .
8.	38. . . . .
9.	39. . . . .
10.	40. . . . .
11.	41. . . . .
12.	42. . . . .
13.	43. . . . .
14.	44. . . . .
15.	45. . . . .
16.	46. . . . .
17.	47. . . . .
18.	48. . . . .
19.	49. . . . .
20.	50. . . . .
21.	51. . . . .
22.	52. . . . .
23.	53. . . . .
24.	54. . . . .
25.	55. . . . .
26.	56. . . . .
27.	57. . . . .
28.	58. . . . .
29.	59. . . . .
30.	60. . . . .

    ¿Alguna vez escuchaste sobre el poder de los decretos y las afirmaciones? Es parte de la metafísica y, como las palabras tienen energía y poder y nuestras emociones son energía en movimiento, cada vez que decimos las palabras adecuadas y los decretos necesarios para conectarnos con lo positivo siempre va a funcionar y te acompañan en este crecimiento. Quiero que puedas armar tus propios decretos aunque hoy todavía no sea cierto. Quiero que lo repitas tantas veces hasta que lo puedas hacer realidad en tu vida, en tu presente, así que otra vez, cuáles son esos decretos que te empoderan:

* *Soy un ser extraordinario*
* *Vine al mundo a brillar*
* *Soy una emPresari@ exitos@*
* *Yo soy abundante*
* *Yo tengo mucho éxito en todo lo que emPrendo*
* *Yo soy luz y exPando luz*
* *Yo soy el éxito caminante*
* *Yo soy un/a líder nat@*

Cuáles serían tus propias afirmaciones:

* . . . .
* . . . .
* . . . .
* . . . .
* . . . .
* . . . .
* . . . .
* . . . .

PARA QUÉ AFIRMACIONES

Ahora veamos por qué uso —y se utilizan normalmente— estas llamadas afirmaciones, que tambіén son conocidas como decretos o afirmaciones positivas: son declaraciones breves y afirmativas que se repiten regularmente con el propósito de influir en el pensamiento y el comportamiento de una persona. Se basan en la idea de que los pensamientos y las palabras tienen poder y pueden influir en la realidad y en la forma en que nos percibimos a nosotros mismos.

Las afirmaciones son importantes porque pueden tener varios beneficios psicológicos y emocionales:

- *Cambio de mentalidad*: Las afirmaciones pueden ayudar a cambiar patrones de pensamiento negativos o limitantes al reemplazarlos con pensamientos positivos y constructivos. Al repetir afirmaciones positivas, puedes reprogramar tu mente para enfocarte en lo positivo y cultivar una mentalidad optimista.
- *Aumento de la autoestima y la confianza*: Las afirmaciones positivas pueden ayudar a mejorar la autoestima y la confianza en uno mismo al enfocarte en tus cualidades y fortalezas. Al repetir afirmaciones que refuercen tu valía y tu capacidad, puedes fortalecer la confianza en ti mismo y desarrollar una imagen más positiva de ti.
- *Reducción del estrés y la ansiedad*: Las afirmaciones pueden ayudar a reducir el estrés y la ansiedad al promover la calma y el bienestar mental. Al centrarte en pensamientos positivos y tranquilizadores, puedes contrarrestar los pensamientos negativos que alimentan el estrés y la ansiedad.
- *Fomento de la resiliencia*: Las afirmaciones pueden fortalecer tu resiliencia emocional al proporcionar un recordatorio constante de tu capacidad para superar desafíos y adversidades. Al repetir afirmaciones que resalten tu fuerza y tu capa-

cidad para enfrentar los desafíos, puedes cultivar una actitud de resiliencia y determinación.
• *Mejora del rendimiento y el logro de metas*: Al enfocarte en tus objetivos y visualizar tu éxito a través de afirmaciones positivas, puedes aumentar tu motivación y compromiso para lograr tus metas. Las afirmaciones pueden ayudarte a mantener un enfoque claro en tus objetivos y a superar los obstáculos que puedan surgir en el camino.

En resumen, las afirmaciones son importantes porque pueden tener un impacto significativo en tu bienestar emocional y mental al fomentar pensamientos positivos, fortalecer la autoestima y la confianza en ti mismo, reducir el estrés y la ansiedad, promover la resiliencia y aumentar tu motivación para alcanzar tus metas. Incorporar afirmaciones positivas en tu vida diaria puede ser una herramienta poderosa para cultivar una mentalidad positiva y alcanzar tu máximo potencial. Y la verdad, de corazón, me encantaría que te hables de manera amorosa, que logres conectar con tus objetivos y metas, y también sientas este bienestar y comunión con todo lo que te gustaría lograr para tu vida en este paso por este planeta hermoso.

Me gustaría que releas esta lista y tus decretos, mínimo 2 veces al día, a la mañana y la noche. Obsesiónate con ella, convéncete, crea las emociones adecuadas, conéctate con todo lo que implica cada uno de esos decretos para ti.

A la par me encanta investigar qué encuentro del éxito y contamos con la IA (Inteligencia Artificial) que nos dice lo siguiente: "El éxito es un concepto amplio y subjetivo que varía según la perspectiva de cada persona. En términos generales, el éxito se refiere al logro o la consecución de un objetivo o meta que se ha establecido. Sin embargo, la definición de éxito puede ser diferente para cada individuo, ya que depende de sus valores, aspiraciones, creencias y circunstancias personales".

Para algunas personas, el éxito puede estar relacionado con el logro de metas profesionales, como alcanzar una posición deseada en el trabajo, obtener un ascenso, iniciar un negocio exitoso o alcanzar un nivel determinado de ingresos. Para otros, el éxito puede ser más centrado en aspectos personales, como establecer y mantener relaciones saludables, encontrar la felicidad en la vida cotidiana, o lograr un equilibrio satisfactorio entre el trabajo y la vida personal.

Además, el éxito puede ser medido en términos de reconocimiento público, prestigio, estatus social o el impacto positivo que alguien tiene en su comunidad o en el mundo. Sin embargo, también hay quienes consideran el éxito como la capacidad de superar adversidades, aprender de los fracasos y mantenerse resilientes en momentos difíciles.

Es importante tener en cuenta que el éxito es un proceso y no un destino final. No se trata solo de alcanzar una meta específica, sino de disfrutar y aprender del camino que se recorre para lograrlo. Cada persona puede tener su propia definición de éxito y lo que es significativo para uno puede no serlo para otro.

Es esencial que cada individuo defina su ProPio éxito de acuerdo con sus valores, deseos y circunstancias Personales.

No es necesario compararse con los demás o seguir una idea preestablecida de éxito. Lo más importante es encontrar un sentido de realización y satisfacción personal en las metas que nos proponemos y en la vida que llevamos.

Quiero que te definas a ti mismo, que nadie más lo haga, ya que nos pasamos la vida esperando que los demás nos definan y nos digan quiénes somos, cuando solo nosotros podemos definirnos de verdad y saber de todo lo que somos capaces, hasta dónde queremos llegar, qué sueños tenemos, qué queremos lograr y con qué nos gustaría conectar. Desde ahora en adelante no dejes que nadie más TE DEFINA, defínete TÚ.

Y define que es el éxito para ti.

Querido lector: me gustaría que logres sacarte una foto con mi libro mostrando en tus redes sociales todos tus ejercicios, decretos y afirmaciones para compartir con esta hermosa tribu de personas que quieren crecer y salir adelante.

Ahora espero una foto tuya con el libro.

Quiero que todos vean el compromiso que tienes contigo mismo/a, que decides HOY tener éxito. Siempre es lindo saber que, gracias a tu empuje y convicción, puedes ayudar a despertar a muchas otras personas.

Hace muchos años que me vengo preguntando cómo es esto de conectar con lo que realmente vinimos a hacer —o bien llamado "propósito"— y me gusta observar cómo nos manejamos, cómo son las personas, qué hacemos, cómo nos movemos en este mundo, y si aprovechamos o no las oportunidades.

Me cansé de escuchar historias de mi familia, de lo que pudieron ser y no fueron, las decisiones que no se tomaron y lo que no pasó.

¿Te pasó alguna vez? ¿Escuchaste alguna vez algo así?

Siempre observo cómo nos movemos, miro mi interno, las personas que pasan por mi vida, cómo se manejan, lo que hacen, y muchas veces digo: ¿esto realmente es lo que queremos y buscamos o solo estamos fluyendo, y alguien más decide por nosotros?

¿Nunca te pasó de sentir que vivías la vida de otro, de alguien más, que no sabías por qué estabas o llegabas a ese lugar, pero ahí estabas?

Creo que como seres humanos hemos olvidado muchas cosas. Sin meternos mucho en la parte más esotérica —que no es la idea-base del libro— pero sí ir rozando algunos conceptos para que logres entender por qué a veces estamos en muchos lugares que no queremos estar y no sabemos ni cómo llegamos.

Estamos programados desde la cuna. O sea, fuimos aprendiendo muchas cosas a lo largo de nuestra vida, estudios, casa, cultura, sociedad, etc. que nos llevaron a actuar de tal o cual manera. Aprendí algo que me obsesionó y tenía que ver con las creencias, programaciones, o como más te guste llamarlas: ¿por qué a veces

—o en la mayoría de los casos— actuamos de tal o cual manera, no entendemos el porqué, vemos que se repite el patrón en nuestra sociedad, nuestra familia, amigos? Muchas veces me sentí incomoda porque se repetía esta situación una y otra vez. ¿Qué la impulsaba, por qué sucedía? Y ahí comenzó mi obsesión con las creencias, cómo se forman o crean en nuestras vidas y cómo se apoderan de nuestro inconsciente y toma de decisiones. Algunas vienen de miles de años y conectan con nuestro cerebro, con la supervivencia. Podemos explayarnos y hablar mucho de este tema que te voy a ir contando a lo largo del libro ya que debemos cambiar estas programaciones o creencias para poder poner el chip del éxito. Nos creímos el cuento de que no somos, no podemos, no queremos, no nos conviene, no, no y no.

Basta de no. Ahora te digo que te des el lugar del SÍ: sí, puedo lograrlo; sí, puedo conseguirlo; sí, puedo llegar. Y te digo más, no solo puedo, DEBO.

Para que todo esto suceda en nuestras vidas debemos tener lo que llamamos en coaching un QUIEBRE emocional, espiritual y mental. Es decir, basta, ya dolió lo suficiente, no quiero más de esto.

Desafíos para ser mejores, los más exitosos fueron desafiados.

DEDICACIÓN Y ENFOQUE

¿Cuánto tiempo le dedicas a lo que quieres lograr, cuáles son tus metas? O algo mucho más hermoso, una pregunta que una vez me hice y no hubo nunca más vuelta atrás: ¿cuáles son tus sueños, esos que te roban el tiempo varias veces al día, algo que anhelas mucho y buscas por todos lados, que cuando te lo imaginas te pones feliz, te lleva a la satisfacción y a conectar con tu esencia? ¿Cuáles son esos sueños?

"Conecta con tus metas fantasía."

EJERCICIOS

Te invito a que te tomes unos minutos para escribir:

¿CUÁLES SON TUS SUEÑOS / METAS / OBJETIVOS? (puedes usar tu bitácora personal o un cuaderno que puedas usar para tus anotaciones)

. . . .
. . . .
. . . .
. . . .
. . . .
. . . .
. . . .
. . . .
. . . .
. . . .
. . . .
. . . .
. . . .
. . . .

Si no te alcanza el espacio puedes seguir escribiendo en algún cuaderno de estudio. Sería muy lindo que tengas una bitácora para este viaje, este viaje que estamos haciendo juntos, de conectar con nuestra esencia y despertar a ese gigante dormido.

Cuando te hablo de enfocarte en algo, ¿cómo lo percibes? Empecemos de atrás para adelante. ¿Por qué te traigo estos conceptos? Para que podamos trabajarlos juntos.

Según el diccionario el "enfoque" es:

3. tr. Proyectar un haz de luz o de partículas sobre un determinado punto.
4. tr. Dirigir la atención o el interés hacia un asunto o problema desde unos supuestos previos, para tratar de resolverlo acertadamente.

Voy a tomar estos dos resultados de la palabra "enfoque" de la Real Academia Española, y por qué los traigo: por un lado, qué interesante esto de proyectar luz o partículas hacia determinado punto y luego dirigir tu atención hacia un asunto, me quedo con ello, no con el problema; suele suceder muy seguido que estamos más enfocados en los problemas que las cosas que realmente queremos para nuestra vida. Te traigo estas distinciones para que puedas empezar a usar tu energía —ya aprendimos que todo es energía— y que si la enfocamos en una meta, objetivo determinado, podrás crear eso en lo que estás enfocado/a.

La dedicación va de la mano con el enfoque porque si dedico parte de mi tiempo a enfocarme y concretar la acción que se requiere para lograr mis metas, listo, ya está casi la mitad del camino recorrido. Te traigo estas dos palabras, no desde el lado negativo, desde donde solemos hacer la mayoría de las cosas, sino desde el lado positivo: si yo te pregunto qué quieres para tu vida, cuáles son tus metas, cuál es la vida que sueñas, seguro me hablas generalizando o sin tener una elección clara; pero si te pregunto qué no quieres, te puedo asegurar que me sacas el papiro de acá hasta 100 km de todo lo que no quieres, no te gusta, no te satisface. Qué increíble. Esto es lo que les quiero traer: ¿cómo es más fácil para nosotros, como raza humana, traer a la mente lo que no queremos y nos cuesta tanto lo que sí realmente queremos? Te invito a que tengas unos minutos de reflexión y haremos lo siguiente:

Vas a hacer una lista de todo aquello que no quieres para tu vida o no eliges más, y luego vas a escribir todas esas oraciones pero en positivo y poniendo enfoque y dedicación en lo que sí quieres para tu vida. Así por un lado tenemos 2 cosas frente a nosotros en total transparencia. En primer lugar, sacar cada una de esas creencias que tenemos arraigadas adentro de nuestro ser. En segundo lugar trabajarlas y pasarlas al polo positivo. Es más: algo que aprendí con mis mentores es que a veces no salen a flote de una manera simple, sino que hay que darles vuelta y entender qué está pasando realmente o qué estamos sintiendo. También te invito, si te parece bien, a deshacerte de esas creencias negativas, agradeciendo y soltando, puedes romper el papel o quemarlo, como más te guste, como haciendo un pacto contigo mismo sobre eso. Ya lo dejamos ir y, en muchos casos, ir muy lejos.

Ahora espero una foto de tu lista negativa para que luego la puedas romper y sueltes esa vieja autoimagen y vayamos creando la nueva.

Quiero que todos vean el compromiso que tienes contigo mismo/a, que decides HOY tener éxito y siempre es lindo saber que, gracias a tu empuje y convicción, puedes ayudar a despertar a muchas otras personas ya que somos eso: una gran contribución para todo el mundo. Esto lo aprendí de un gran mentor y, honestamente, hoy me gustaría compartirlo contigo.

Te voy a hacer una pregunta muy importante: ¿a qué le dedicas tu tiempo, si pudieras describirlo, a qué sería? Y ahora vamos a profundizar un poco más: ¿a qué le dedicas más tiempo, en qué estás más enfocado?, ¿en todo lo que tienes y agradeces o en lo que te falta? Este es un hermoso juego de la mente en el que se enfoca la mayor parte del tiempo. Quizás no sea tu caso pero sí te puedo asegurar que es el caso de la mayoría.

Y te voy a explicar por qué, excepto que seas parte de ese pequeño porcentaje de la población mundial que fue programado desde pequeño, con paradigmas de abundancia y saben la verdad porque esta es la verdad: lo que realmente hay para todos y lo creadores que somos como seres humanos, que existe la energía y todos estamos hechos de energía y todo lo que nos rodea también y podemos materializar y crear todo lo que deseamos. Pero en vez de eso, crecimos en cierto país, rodeados de cierta cultura, en cierta familia y aprendimos desde que estuvimos en la panza de mamá, mil programas y paradigmas que nos marcan, la mayoría son de escasez, carencia, no hay para todos, todo no se puede, siempre elegí una cosa, no puedes tomar varias, etc. Así fuimos creciendo en entornos donde hubo mucho amor o no, cuidados o no, pero donde nuestros padres hicieron lo que sabían igual que sus padres, nuestros abuelos y así hacia el infinito del árbol familiar. No estoy aquí para que juzguemos a nadie. Cada uno hizo todo lo que tenía a su alcance y seguro dieron lo mejor que tenían, pero si a lo largo de los siglos venimos aprendiendo eso, ¿qué resultados vamos a tener? Dicen que somos radios que emitimos frecuencias por nuestros pensamientos. Imagínate todos esos programas en tu mente subconsciente —de algunos te puedo asegurar que ni siquiera eres consciente ahora— pero ahí están esperando arremeter cuando surja la posibilidad.

Vayamos al hueso. ¿Cómo hacemos para sostener nuestro enfoque y llegar a nuestras metas? Te lo cuento en estos pasos, ponlos en práctica ya que a mí me ayudaron mucho. Sostener tu enfoque para lograr tus metas puede ser todo un desafío, pero existen varias estrategias efectivas que puedes utilizar para mantenerte encaminado. Aquí te presento algunas:

- *Visualiza el resultado final*: Tómate el tiempo para visualizar claramente el resultado final que deseas alcanzar. Imagina cómo se verá, cómo se sentirá y qué significará para ti lograr tus metas. Mantener esta imagen en mente te ayudará a mantener tu enfoque y motivación. Todos los días, todo el tiempo que puedas hacerlo, llévate un recordatorio en tu celular, en tu agenda, en tu billetera, en donde lo veas muchas veces en el día.
- *Establece metas claras y específicas*: Define metas claras, específicas y alcanzables que te ayuden a dividir tu objetivo principal en pasos más manejables. Establecer hitos a lo largo del camino te permitirá medir tu progreso y mantenerte motivado mientras avanzas hacia tus metas.
- *Prioriza tus tareas*: Identifica las acciones más importantes y urgentes que necesitas realizar para avanzar hacia tus metas y concéntrate en ellas. Prioriza tus tareas diarias en función de su importancia y su contribución al logro de tus objetivos.
- *Elimina distracciones*: Identifica y elimina las distracciones que puedan desviar tu atención de tus metas. Esto podría incluir desactivar las notificaciones del teléfono, establecer horarios específicos para revisar el correo electrónico o trabajar en un entorno libre de distracciones.
- *Crea un plan de acción*: Desarrolla un plan detallado que te guíe en el proceso de alcanzar tus metas. Divide tus objetivos en pasos específicos y establece un cronograma realista para completar cada tarea. Tener un plan claro te ayudará a mantener tu enfoque y a mantenerte organizado.
- *Cultiva la disciplina*: Desarrolla hábitos y rutinas que te ayuden a mantener la disciplina y la consistencia en la búsqueda

de tus metas. Comprométete a tomar acciones consistentes y a seguir tu plan de acción incluso cuando te enfrentes a desafíos o contratiempos.

- *Recompénsate por tus logros*: Celebra tus logros y tus avances a lo largo del camino. Reconoce tu progreso y date recompensas por tus esfuerzos, ya sea con un pequeño regalo, tiempo de descanso o simplemente palabras de aliento para ti mismo.
- *Mantén una mentalidad positiva*: Cultiva una mentalidad positiva y optimista que te ayude a superar los obstáculos y los contratiempos que puedas encontrar en el camino. Enfócate en lo que puedes controlar y busca soluciones en lugar de centrarte en los problemas.

Al incorporar estas estrategias en tu vida diaria, estarás mejor equipado para mantener tu enfoque y avanzar de manera constante hacia el logro de tus metas. Recuerda que la perseverancia y la determinación son clave para alcanzar el éxito a largo plazo.

A QUÉ LE DEDICAS TIEMPO

Si empiezas a hacer una observación sobre a qué le dedicas tu tiempo, te puedo asegurar que vas a observar una herramienta poderosísima para saber exactamente dónde estás parado y por qué.

Cuando empezamos a ser conscientes de lo que estamos haciendo —y la pregunta es para qué le estoy dedicando tiempo a esta actividad, a este pensamiento— te vas a dar cuenta de todo lo que tienes para modificar porque en la mayoría de los casos, no te lleva a crear más tanto para ti como para tus sueños.

Qué increíble que vamos por la vida sin darnos cuenta de que todo lo que estamos pensando no se condice con lo que realmente queremos.

EJERCICIOS

Hagamos un ejercicio ahora y quiero que estés muy presente, ¿qué estás pensando?, ¿qué pensaste al levantarte esta mañana?, ¿con qué pensamientos te acuestas?

. . . .

. . . .

. . . .

. . . .

. . . .

. . . .

. . . .

. . . .

. . . .

. . . .

. . . .

Me di cuenta de que le dedicaba mucho tiempo a cosas que no eran productivas para mi vida, entre ellas, por ejemplo, a pensar todo lo que no quería para mi vida o lo que me daba miedo.

Sería muy bueno que pudieras anotar todo lo que no quieres hacer más en tu vida y esos pensamientos que no te llevan a ninguna parte o peor, a lugares donde no quieres estar más. Para que todo esto pueda suceder, tenemos que verlos en total transparencia frente a nosotros, así podemos saber qué es lo que nos gustaría modificar. Porque no podemos eliminarlos y listo, hay que modificarlos, enfocarnos y hacerlo en conciencia plena. Cambio algo que no me expande y, en su lugar, pongo una creencia súper expansiva y poderosa.

SER CONSCIENTES

Ahí viene el siguiente paso: estar conscientes de absolutamente TODO lo que nos sucede, lo que nos rodea, lo que nos pasa, lo que pensamos, 100% conciencia en todo.

Quiero que te despiertes y entiendas que absolutamente todo lo que te sucede tiene que ver con esos pensamientos que tienes cuando te levantas y cuando te acuestas, y ni hablar de esos 60.000 pensamientos que tenemos en un día. Imagínate todo lo que sale automáticamente de nuestro subconsciente y que eso sea lo más importante para que puedas dar y hacer saltos cuánticos. O sea, partir desde un lugar y con enfoque, presencia y conciencia, virar el timón e ir realmente hacia donde queremos ir.

Imagínate esto: estamos en un hermoso barco, con un timón que es el que nos dirige hacia donde queremos ir. Ese timón, ¿por quién es manipulado, quién está al mando, realmente tú estás al mando? Si es así te felicito y te invito a que puedas contarle al mundo cómo lo lograste, ya que para la mayoría de las personas —y me animo a decirte que en el 95% o más de los casos— el que lleva el timón es el paradigma, nuestras creencias que se alojan ahí en nuestro subconsciente, de los cuales somos prisioneros y en la mayoría de los casos ni siquiera eres consciente de que ellos llevan el timón de tu vida. Saliste con destino a una playa increíble en Indonesia y resulta que terminaste en una isla desierta, montañosa con agua fría y sin playas bonitas. ¿Por qué nos sucede esto?

Bien. Vayamos de a poco ya que voy a explayarme más sobre esto cuando vayamos al capítulo de *mindset* o mentalidad, pero tiene que ver con nuestro archivero mental, luego seguimos con esta información.

EL TIEMPO ES UN TRABAJADOR MAESTRO QUE SANA LAS HERIDAS DE LA DERROTA TEMPORAL, EQUILIBRA LAS DESIGUALDADES Y CORRIGE LOS ERRORES DEL MUNDO.
CON EL TIEMPO NADA ES IMPOSIBLE.

NAPOLEÓN HILL

Ser conscientes significa estar plenamente presentes en el momento presente y tener un conocimiento claro y claro de uno mismo, de los demás y del entorno que nos rodea. Es la capacidad de estar atentos y conectados con nuestras emociones, pensamientos y acciones en el aquí y ahora, sin estar distraídos por preocupaciones del pasado o ansiedades sobre el futuro.

La conciencia implica una atención plena y sin juicios hacia nuestras experiencias internas y externas. Ser conscientes nos permite reconocer y aceptar nuestras emociones, pensamientos y sensaciones físicas sin negarlas ni reprimirlas. También nos ayuda a reconocer cómo nuestras acciones afectan a los demás y al entorno, fomentando una mayor empatía y comprensión hacia los demás.

Cuando somos conscientes estamos más presentes en nuestras relaciones y actividades diarias, lo que puede conducir a una mayor satisfacción y bienestar emocional. Nos permite tomar decisiones más informadas y conscientes, ya que estamos más conectados con nuestros valores y objetivos personales.

La conciencia también nos ayuda a ser más conscientes de nuestros hábitos y patrones de comportamiento, lo que puede ser útil para cambiar aquellos aspectos de nosotros mismos que deseamos mejorar. Nos brinda la oportunidad de crecer y desarrollarnos personalmente, ya que estamos más dispuestos a enfrentar y aprender de nuestras experiencias, incluso de aquellas que pueden ser difíciles o desafiantes.

En resumen: ser conscientes es una práctica de estar plenamente presentes en nuestra vida, observando y aceptando nuestras experiencias internas y externas sin juzgarlas. Es una habilidad valiosa para cultivar una mayor autoconciencia, empatía hacia los demás y una vida más satisfactoria y significativa. La conciencia puede ser desarrollada a través de la meditación, la atención plena y la práctica constante de estar presentes en el momento presente.

Ahora te voy a dar algunos tips para que veas si en este momento de tu vida estás siendo o no consciente.

Darse cuenta de que eres una persona consciente puede implicar reconocer ciertos signos o comportamientos que indican un mayor nivel de conciencia y atención plena. Aquí hay algunas señales que podrían indicar que eres una persona consciente:

- *Presencia en el momento presente*: Te encuentras más presente y consciente de lo que está sucediendo en el momento actual, en lugar de estar atrapado en preocupaciones sobre el pasado o el futuro. Cuán presente estás en tu vida, solo existe el momento presente, aunque nos pasamos buceando todo el tiempo en el pasado o en el futuro.
- *Autoconocimiento*: Tienes una comprensión más profunda de ti mismo, incluyendo tus pensamientos, emociones, deseos, fortalezas y áreas de crecimiento. Te conoces a ti mismo en un nivel más profundo y eres consciente de cómo tus pensamientos y emociones afectan tus acciones y decisiones. Es empezar ese camino incómodo de conocerte en profundidad, sabiendo qué realmente quieres.

- *Conciencia de las sensaciones corporales*: Eres consciente de las sensaciones físicas en tu cuerpo, como la tensión muscular, la respiración y el ritmo cardíaco. Puedes notar cómo estas sensaciones cambian en respuesta a diferentes situaciones y emociones.
- *Observación de los pensamientos*: Eres capaz de observar tus pensamientos con una perspectiva más objetiva, en lugar de identificarte plenamente con ellos. Reconoces que los pensamientos son eventos mentales pasajeros y no necesariamente representan la realidad objetiva.
- *Aceptación y compasión*: Practicas la aceptación y la compasión hacia ti mismo y los demás. Eres capaz de aceptar las experiencias presentes tal como son, sin juzgarlas ni tratar de cambiarlas. También cultivas la compasión hacia ti mismo y los demás, reconociendo la humanidad compartida y la capacidad de experimentar sufrimiento y alegría.
- *Presencia en las interacciones sociales*: Te encuentras más presente y auténtico en tus interacciones sociales. Escuchas activamente a los demás, respondes de manera auténtica y sincera, y te conectas genuinamente con quienes te rodean.
- *Conexión con el entorno*: Estás más conectado con tu entorno y aprecias la belleza y la maravilla del mundo que te rodea. Eres consciente de tu relación con el medio ambiente y las comunidades en las que vives, y actúas con responsabilidad hacia ellos.

Si reconoces algunos de estos signos en ti mismo, es probable que seas una persona consciente que practica la atención plena en tu vida diaria. La conciencia es un viaje continuo, así que sigue cultivando estas habilidades y observando cómo se desarrollan en tu vida.

Yo desarrollo la conciencia todos los días, estando presente, eligiendo y conectando de manera consciente con mis alimentos, mi cuerpo, mis deseos, mis pensamientos, mis acciones. Por momentos me doy cuenta de que NO estoy presente y siempre sin juicio de lo que elijo, vuelvo a ese espacio donde me siento plena y presente para poder disfrutar de cada una de mis elecciones, aunque muchas veces son incómodas y me sacan de la zona de confort.

FRUSTRACIÓN Y FRACASO

Vamos a empezar diferenciando el fracaso de la derrota temporal y veamos si esa derrota temporal no es una bendición disfrazada, ya que nos sacude y lleva a que podamos redirigir la energía. Napoleón Hill nos explica muy bien estas diferencias en su libro "Las leyes del éxito" y hoy me gustaría que lo podamos ver juntos.
 Él decía que ninguna derrota temporal o adversidad equivale a fracaso en una mente maestra, ya que consideramos estas situaciones como maestras de alguna lección necesaria, que no podría aprenderse de otra manera.

La derrota suele hablarnos en un lenguaje que a veces no comprendemos, por lo cual volvemos a cometer los mismos errores en vez de beneficiarnos con ese aprendizaje. Te pido que mires tu vida y unas los puntos para atrás y analices esos espacios donde creíste que fracasaste catastróficamente para ver realmente qué sucedió y por qué esa mano invisible te obligó a redirigir tus esfuerzos por caminos más ventajosos. Te pido que seas consciente también con la energía y los pensamientos que continuaste tu camino y espero que nunca hayas bajado los brazos.

Estas palabras —tanto frustración como fracaso— son clave y me generan muchas cosas, así que te voy a contar un poco.

Desde que era pequeña esa palabra me marcó, tanto que cuando empecé mi vida en Buenos Aires (tenía 20 años) decidí nunca más volver a mi ciudad porque eso para mí era fracasar. Así esta palabra empezó a dar vueltas por mi mente, cuántas veces fracasé, o me frustré por no obtener los resultados que estaba buscando, muchas veces fui honesta como cuando daba un examen y sabía que no había dado mi 100%, otras veces eran cosas del universo ya que hice todo lo que estaba disponible y el resultado no llegó. Luego entendí que cuando eso sucede es porque realmente eso no estaba predestinado a ser para mí, no estaba en esa vibración o en esa línea para obtener esos resultados, me autoboicoteaba o mi energía bajaba, hasta me enfermaba para no lograrlo, increíble, todo lo que hacía mi cuerpo también, siempre manejado por mis paradigmas para no lograr mi cometido.

Te pones metas para frustrarte o para lograrlas. Te voy a explicar qué significa ponernos metas y las distintas metas que podemos lograr para el éxito que son 3 y vamos a arrancar con el principio.

Forma ideas claras y definidas sobre tus convicciones, respecto a cómo piensas o actúas diariamente, pero tienes que llevar esta práctica para poder hacer una limpieza mental.

Aquí empezamos con nuestras metas y objetivos y de qué manera los podemos ir bajando a la realidad, trazando una planificación ordenada y organizada, ya que la mente también necesita ORDEN.

Siempre para hacer cambios en nuestra realidad tenemos que empezar con un plan, hacia dónde vamos y cómo vamos a hacer ese mapa juntos.

¿Recuerdas cuando éramos chicos y teníamos mapas de tesoros escondidos? O yo misma cuando juego con mis hijos en casa y les escondo algo para que lo encuentren, les hacemos un pequeño mapa. Nosotros vamos a hacer lo mismo pero con nuestras metas para entender y saber hacia dónde queremos ir y cuál es el camino que consideramos que deberíamos recorrer para conseguir aquello que deseamos.

Nuestro plan tiene que contar en primer lugar con Nuestra Meta C (más adelante te explico), cuáles son las acciones diarias que haremos para conseguir esa meta —esto deberíamos hacerlo todos los días— y cuál es el camino para recorrer, con quiénes hablamos, cómo nos movemos, adónde vamos, dónde ponemos nuestro foco y cada uno de los pasos que deberíamos realizar para llegar ahí, adónde queremos llegar.

"

UN PENSAMIENTO CLARO Y ENFOCADO ES SEGURO PARA AVANZAR TANTO EN EL PLANO MATERIAL COMO EN EL ESPIRITUAL.

MARÍA LAURA PÉREZ SAADE

Saben que en este tiempo siempre que me acompaño con Google, información en línea y muchos autores. Obviamente no podía dejar de estar el ChatGPT ya que la inteligencia artificial está ahí, a la orden del día.

Hablando con él estuvimos viendo qué es el fracaso y amé todo lo que compartió.

El fracaso es una situación en la que no se alcanza el resultado deseado o esperado en una determinada tarea, objetivo o proyecto. Es una experiencia en la que se produce un resultado negativo o no exitoso en relación con las metas establecidas. El fracaso puede manifestarse de diversas formas y en diferentes áreas de la vida, como académica, profesional, personal o emocional.

Es importante entender que el fracaso es una parte inevitable de la vida y del proceso de aprendizaje y crecimiento. Todos, en algún momento, enfrentamos situaciones en las que no alcanzamos lo que buscábamos, cometemos errores o enfrentamos obstáculos insuperables. El fracaso puede generar sentimientos de frustración, desilusión, tristeza o incluso vergüenza.

Sin embargo, el fracaso también puede ser una oportunidad para aprender y mejorar. A través de las experiencias fallidas, se pueden adquirir valiosas lecciones, conocimientos y habilidades que nos permitan enfrentar futuros desafíos de manera más efectiva. Es importante no dejarse vencer por el fracaso y utilizarlo como una oportunidad para el crecimiento personal y profesional.

En la sociedad actual se está promoviendo cada vez más una mentalidad de **"fracaso como aprendizaje"**. En lugar de ver el fracaso como algo negativo o vergonzoso, se fomenta la idea de que cada fracaso es una oportunidad para mejorar y avanzar hacia el éxito. A través de la resiliencia, la determinación y la adaptabilidad se puede convertir el fracaso en una experiencia constructiva y positiva.

En resumen, el fracaso es una realidad de la vida que todos enfrentamos en algún momento. Es importante abordarlo con una mentalidad de aprendizaje, sacando lecciones de las experiencias fallidas y utilizando esas lecciones para crecer y avanzar hacia nuestros objetivos. Aprender a lidiar con el fracaso de manera constructiva puede ser clave para alcanzar el éxito a largo plazo.

Ahora que ya vamos entendiendo que sin el fracaso no hay éxito, que es escalón necesario para llegar adonde queramos llegar, ¿qué piensas tú del fracaso, cómo lo ves luego de leer toda esta información y cómo te lo tomarás desde ahora en adelante?

Veamos un poco el tema de la frustración.

La frustración es una emoción y experiencia emocional que surge cuando alguien se siente bloqueado o impedido de alcanzar un objetivo o satisfacer un deseo importante. Ocurre cuando las expectativas, metas o deseos de una persona no se cumplen o se ven obstaculizados de alguna manera. La frustración puede ser desencadenada por diversos factores como dificultades, obstáculos, fracasos, falta de recursos, falta de control sobre una situación, entre otros.

Cuando una persona experimenta frustración puede sentirse irritada, enojada, desilusionada, impotente o triste. Esta emoción puede variar en intensidad, desde una leve incomodidad hasta una sensación profunda de desesperanza y desesperación. Cada individuo maneja la frustración de manera diferente, y la forma en que reacciona ante esta emoción puede depender de su personalidad, experiencias previas y recursos emocionales.

Es normal sentir frustración en ciertas situaciones de la vida cotidiana o al perseguir objetivos importantes. Sin embargo, si la frustración se vuelve crónica o abrumadora, puede afectar la salud mental y el bienestar emocional de una persona.

Es importante aprender a manejar la frustración de manera saludable. Algunas estrategias útiles incluyen:

- *Reconocer y aceptar la emoción*: Es importante permitirse sentir la frustración y aceptar que es una emoción natural y común.
- *Comunicar los sentimientos*: Hablar con alguien de confianza sobre lo que se está sintiendo puede ser útil para liberar emociones y obtener apoyo.
- *Practicar la paciencia*: Aprender a ser paciente y comprensivo consigo mismo y con las circunstancias puede ayudar a manejar la frustración.
- *Enfocarse en lo que se puede controlar*: Identificar aquellas cosas que están bajo nuestro control y trabajar en ellas en lugar de enfocarse en lo que no se puede cambiar.
- *Buscar soluciones*: En lugar de quedarse atrapado en la frustración, es útil enfocarse en encontrar soluciones y alternativas para superar los obstáculos.

- *Aprender de la experiencia*: Ver la frustración como una oportunidad para aprender y crecer, y utilizarla como motivación para mejorar en el futuro.

En última instancia, la frustración es una emoción humana normal que puede ser gestionada de manera efectiva con el tiempo y la práctica. Aprender a lidiar con la frustración de manera constructiva puede mejorar la resiliencia emocional y ayudar a enfrentar los desafíos de la vida de manera más efectiva.

Algo que aprendí es a manejar y movilizar mi frustración o mis pensamientos de frustración hacia otro lugar. Entendí que todo es parte del proceso y que forma parte de la fórmula, que si quiero llegar debo atravesar. Siempre digo que una de las palabras que me representa es ATTRAVERSIAMO, en italiano, me gusta más cómo suena y el hecho de que significa "atraversamos". Así me veo, siempre, atravesando procesos, estructuras, obstáculos, la vida.

Y para ti, querido lector, lectora, ¿cuál sería tu palabra, algo que sientes que te representa y que siempre está en tu presente vida?

"

AL FRACASO YO LO DENOMINO PASO NECESARIO PARA EL ÉXITO, YA QUE ES UN ESCALÓN NECESARIO QUE DEBO ATRAVESAR PARA LLEGAR A LA CIMA.

MARÍA LAURA PÉREZ SAADE

RESILIENCIA

Hablemos un poco de este concepto de poder superar una situación y salir fuertes y empoderados ante aquello que nos puso en jaque, lo que a la vez es una posibilidad para demostrar todo lo que aprendimos, ponerlo en práctica y conectar con cada herramienta para desempolvarla y ver qué tanto podemos hacer.

Me considero una mujer muy resiliente. Viví muchas situaciones de alto estrés y desequilibrio emocional que logré superar con el tiempo y siempre pensando en cuál es la enseñanza oculta y qué me espera después del velo.

La resiliencia es la capacidad de una persona para adaptarse y superar situaciones adversas, traumas, desafíos y dificultades. Es la habilidad de recuperarse emocional, mental y físicamente frente a situaciones estresantes o traumáticas, y seguir funcionando de manera efectiva a pesar de las circunstancias difíciles.

La resiliencia no implica que una persona no sienta dolor, tristeza o frustración ante las dificultades; más bien se trata de la capacidad de recuperarse de esas emociones negativas y seguir adelante. Es como una especie de "elasticidad emocional" que permite a las personas enfrentar situaciones adversas sin quedarse atrapadas en ellas.

Las personas resilientes suelen mostrar varias características y habilidades como:

- *Flexibilidad*: Pueden adaptarse a los cambios y ajustar sus estrategias según las circunstancias.
- *Optimismo*: Tienen una visión positiva del futuro y creen que pueden superar los desafíos.
- *Capacidad para resolver problemas*: Buscan soluciones y recursos para enfrentar las dificultades.
- *Red de apoyo*: Tienen una red de apoyo social, como amigos, familiares o profesionales, que les brindan ayuda y consuelo.

- *Autoconocimiento*: Comprenden sus emociones y saben cómo manejarlas de manera saludable.
- *Autonomía*: Tienen la capacidad de tomar decisiones y actuar de forma independiente.
- *Habilidad para aprender de las experiencias*: Utilizan las experiencias pasadas como oportunidades de aprendizaje.

La resiliencia no es una característica innata, sino que puede ser desarrollada y fortalecida a lo largo de la vida. Algunas personas pueden ser naturalmente más resilientes debido a su personalidad o experiencias de vida previas, pero otras pueden aprender y mejorar su resiliencia a través del apoyo emocional, la terapia, el autocuidado y el desarrollo de habilidades para enfrentar el estrés.

La resiliencia es una herramienta valiosa para enfrentar los desafíos y adversidades que la vida puede presentar. No garantiza que una persona no experimentará dificultades, pero sí aumenta la probabilidad de que pueda superarlas de manera efectiva y seguir creciendo emocionalmente. Es una habilidad esencial para afrontar los altibajos de la vida y construir una mayor fortaleza emocional y mental.

Algo que sé que nos caracteriza es el hecho de tener partículas resilientes, aunque cada uno de nosotros podremos tomar de muy diferentes maneras la aventura de vivir y las adversidades y situaciones que se nos vayan presentando. Confío en que la mayoría buscamos todo el tiempo crecer, entender, aprender, volver a confiar, ser resilientes y volver a empezar, una y otra vez, superando esas situaciones que aparecen en nuestros caminos para hacernos crecer, tener un aprendizaje más profundo, salir de la superficialidad y conectar muy hondo con todo eso que cada uno de nosotros somos. Aunque te sientas un bicho raro, una especie en extinción y que realmente jamás nadie te entenderá y a pesar de todo esto puedes crear cosas diferentes, elegir vivir una vida donde puedas experimentar cada situación y conectar con ellas para llevarte esas joyitas que viniste a buscar.

METAS

Hablemos de metas. Es eso que queremos o perseguimos. Pueden ser objetivos diseñados para ayudarnos a crecer o nunca logrados, son esas brújulas que nos ponemos para ir hacia un lugar en particular. Pero para saber qué es lo que queremos lograr tenemos que conectar con nuestro SER o ESENCIA, para sentirnos inspirados e ir hacia ese lugar al cual queremos llegar.

- *META A*: Son aquellas que ya sabes cómo las tienes que lograr, conoces el camino y sabes cómo hacerlo.
- *META B*: Las de este tipo son aquellas basadas en lo que piensas que puedes lograr y sabes que eres capaz de conseguirlas. Hacemos un plan y sabemos que podemos lograrlas.
- *META C*: Las de este tipo son aquellas denominadas METAS FANTASÍA, las que no sabes cómo lograr, no tienes idea de cuál es el camino a la meta, pero nacieron desde tu imaginación y forman parte de tu visualización.
  Entre estas metas C está lo que deseo con mi corazón, lo que quiero lograr y adonde me veo, aunque hoy parezca imposible. Es donde realmente crecemos, damos saltos gigantes y donde se involucra el denominado proceso creativo.

"

PUEDES HACERLO SI CREES QUE PUEDES.

MARÍA LAURA PÉREZ SAADE

PROCESO CREATIVO

Recién hablábamos de las metas C y que se conectaban con esta parte nuestra de la imaginación y que provenían de sueños o metas fantasía, aquello que hoy en las circunstancias actuales consideramos imposibles. Vamos a meternos un poco en cómo podemos desarrollar un proceso creativo para lograrlas y que esas metas imposibles estén al alcance de tu mano y de tu realidad. Solo es cuestión de entender que "tu mente es un centro de creación divina", así lo decía Geneviève Behrend.

Vamos a ver paso a paso cómo podemos hacerlo realidad. Primero tienes que crear esa fantasía, ese deseo ardiente de tu corazón, qué es lo que quieres lograr. Cuando nos enfocamos en ella y queremos lograrla, y pensamos de qué manera podría hacerse, pasamos de una fantasía a una teoría: debes creer que eres capaz y estar dispuesto a hacer lo necesario para convertir esa teoría sobre tus deseos en un objetivo.

Nunca permitas que las circunstancias o tus condiciones externas de ese momento te digan que no es posible, que no lo vas a lograr y no dejes que nunca nadie ni nada te detenga. A medida que te involucras emocionalmente con tu objetivo o meta C, la expresión de esa implicación emocional va a cambiar tu comportamiento. A medida que tu comportamiento cambie, tus resultados empezaran a cambiar y esa teoría se convertirá en un hecho.

Ahí logré darme cuenta de que si no tenía un objetivo o una meta, estaba perdida. No tenía una brújula y no sabría hacia dónde iría mi vida tampoco, y no solo con esos objetivos personales que muchos queremos —la casa, la familia, el perro, la empresa— sino ir más profundo e hilar finito para saber exactamente cómo lo queremos, de qué manera queremos que suceda y que se haga realidad. Deberíamos levantarnos cada mañana y estar emocionados y agradecidos ya que sabemos hacia dónde vamos, sin importar dónde estamos hoy, sino que sabemos que vamos para ese destino que soñamos, que deseamos y que emocionalizamos cada día con nuestras meditaciones, nuestro enfoque, nuestra acción y nuestros hábitos, para verlo manifestado frente a nuestros ojos. Pero primero todo se crea en la mente, en la imaginación y luego en el mundo físico. Todo se crea dos veces, esto es algo increíble, que lo descubras y lo puedas percibir.

¿Estás dispuesto? ¿Eres capaz?

Que así sea. Vas a ver que aparecen las personas correctas, las circunstancias y los recursos necesarios.

LA CALIDAD DE NUESTRAS VIDAS ES DIRECTAMENTE PROPORCIONAL A LA CALIDAD DE LAS PREGUNTAS QUE NOS HACEMOS.

TONY ROBBINS

SER, HACER, TENER

Una vez aprendí que para TENER primero tenemos que SER esas personas en las cuales nos queremos convertir, para luego HACER porque sin acción y avance no hay creación de lo que buscamos o queremos. Para en última instancia TENER todo aquello que anhelo y que se materialice en este plano físico —aun sabiendo cómo esto funciona— hacemos todo al revés, esperamos primero recibir o TENER para luego HACER algo y al final SER, esa persona que soñamos ser.

¿Cuándo entendimos o nos dijeron que era de otra manera? Ya que eso nos llevó a chocarnos muchas veces contra una pared y no entender cómo realmente funciona la energía. Y tú, ¿cómo funcionas, cómo creías que deberías hacer las cosas y cómo te manejas? Estas preguntas son muy buenas para que las formulemos y ser honestos con nosotros mismos.

Hablemos con honestidad brutal con nosotros mismos, ¿por qué nos estamos mintiendo y engañando todo el tiempo?

Una vez aprendí de uno de mis mentores que lo hacemos por varias razones. La primera es para lucir bien, sí, leíste bien: no queremos que los demás nos vean como realmente somos, tenemos miedo a la crítica, al qué dirán, a no pertenecer, ya que todos queremos y formamos parte de alguna tribu que nos identifica. Pero... ¿qué pasa si no somos iguales a los demás, qué pasa si somos diferentes, qué pasa si cambiamos todo el tiempo de entorno, no tenemos los mismos amigos, nos movemos de trabajo, nos movemos de casas, queremos vivir otras experiencias y rodearnos de otras personas, cambiamos de gustos, de hábitos y de vida? El miedo que les da a las personas que nos rodean o que nos conocemos desde siempre... te aseguro que es inmenso, pero no por eso vamos a dejar de elegir, una y otra vez, todas las cosas que nos hacen ir por caminos o aventuras diferentes. Nos critican, no nos entienden, no comprenden por qué hacemos tal o cual cosa, se asustan de nuestra vida y de nuestros cambios, se aburren con nuestras conversaciones o simplemente no te siguen. Bueno, si alguna vez te sucedió alguna de las cosas que te acabo de detallar quiero que sepas que son indicadores de que estás yendo por un buen camino, ya que te estás transformando, creciendo, haciendo el camino del héroe o de la heroína y ya estás dentro de la aventura.

OBSTÁCULOS

Hablemos de qué son los obstáculos. Si te pregunto o se lo pregunto a cualquier niño me podría explicar qué es un obstáculo y aparece tantas veces en nuestros caminos que ya nos volvemos amantes de los obstáculos, o estamos caminando por nuestro sendero y solo a la espera del próximo obstáculo en vez de disfrutar de ese camino y todo el aprendizaje que nos trae.

Un obstáculo aparece por algo. En primer lugar, lo creaste tú, aunque me digas que es culpa de la sociedad, el gobierno, tu mamá, tu papá, tu pareja, tu abuela. Te cuento que no, que esos son los cuentos que nos contaron para no hacernos cargo de lo que realmente nos tenemos que hacer cargo: nuestra vida.

Esta mañana, sin ir más lejos, escuchaba a uno de mis mentores y nos decía: hay que salir de la zona de confort y que de confort NO TIENE NADA, solo ahí, quedarnos ahí, por las razones que sean, es la misma muerte. Quedé pasmada con esta palabra, porque claro —me dije a mí misma— a veces no queremos salir de la zona de confort por miedos, por todos los obstáculos que tenemos que atravesar y si encima nos animamos y nos tiramos al vacío ¿y nos va mal?

Este es un lugar en donde la mayoría de las personas estamos por varias razones. Entonces, qué pasaría si en realidad entendemos dos cosas, y te pido por favor que prestes atención a lo que te voy a decir porque es muy importante:

- Por un lado, los obstáculos los creaste tú, esto es estar 100% consciente y despierto de tus elecciones ya que tu programa o tu inconsciente está creando esa realidad.
- Por otro lado, no hay nada que te llene más de satisfacción que cuando sorteas un obstáculo y entiendes por qué estuvo ahí, por qué apareció, qué aprendí hoy de toda esa situación y qué te llevas como reflexión.

A esto me gusta llamarle la "bendición oculta". ¿Cuál es esa bendición o gratificación que hoy no logras ver? Te pido que puedas observar todas esas situaciones donde no entendiste en su momento para qué sucedieron y, como aprendí con mis mentores, los puntos se unen para atrás, así que uní los puntos y vas a ver esa bendición atrás de todo lo que te estuvo pasando. Si todavía no lo entiendes o no lo percibes, no importa, ya va a suceder, así que solo date tiempo y continúa.

CAPÍTULO 4
TU ENTORNO

PERTENECER

Una vez me planteé a mí misma la posibilidad de cambiar de entorno. Me gustaba hacerlo todo el tiempo. Por supuesto entiendo que hay amigos que son para toda la vida o así versa el refrán (*Frase de origen popular repetida tradicionalmente de forma invariable, en la cual se expresa un pensamiento moral, un consejo o una enseñanza; particularmente la que está estructurada en verso y rima en asonancia o consonancia.*). Pero yo siempre conocía gente nueva, me rodeada de nuevas personalidades y siempre buscando de manera inquieta y curiosa qué me podía aportar el otro, qué podía enseñarme y cuál era esa gran posibilidad de regalo que tenía frente al otro. Un día avanzando con mis mentores, uno me dijo que somos el promedio a nivel financiero de las personas que nos rodean. Chan, imagínate esto. Me dije, cómo puede ser, y con esto no digo que no puedas tener un conocido o familiar o varios amigos millonarios, sino que voy al hecho a que esas tres o cuatro personas con las que te ves todos los días, con las que compartes la mayor parte de tu tiempo y están hoy a tu lado, esos amigos, no me creas, haz la cuenta tú, saca el promedio y después cuéntame.

Esto a mí me llamó mucho la atención porque si nos asimilábamos financieramente, ¿cómo más lo podríamos hacer? Y ahí está uno de mis grandes descubrimientos, no mío, sino de la ciencia o física cuántica y tiene que ver con el hecho de que todo se asemeja, se atrae a nivel energético y vibran en la misma consonancia. Si quiero cambiar debo cambiar también el entorno. Con esto no estoy diciendo que no le hables más a tus amigos de toda la vida o de la infancia, sino que me refiero al hecho de estar rodeado más tiempo de otras personas para aprender, para crear desde nosotros esa energía que estamos buscando o esas habilidades o esos ingresos, o ese nivel de conciencia, etc.

Todo esto que te estoy contando, ¿te resuena en algún lugar, me puedes seguir, qué pensamientos o ideas te traen ahora?

TE LEO, ENVÍAME UN EMAIL A
LAURAPEREZSAADE@GMAIL.COM
O ESCRÍBEME EN LAS REDES SOCIALES.
@LAUPEREZSAADE

RECONOCIMIENTO DEL AFUERA

Qué nos pasa con el reconocimiento del afuera. Esto es algo con lo que todos crecemos, absolutamente todos, desde pequeños, estamos esperando la aprobación, amor, reconocimiento y recompensa de alguien mayor que nos mira desde afuera: padres, familiares, maestros, profesores o personas que nos interesan.

Según la psicología gestáltica el contacto con nuestra experiencia interior es fundamental en la relación con los demás y con uno mismo. Cuando estamos en contacto con nosotros mismos tenemos la oportunidad de querernos y aceptarnos. Muchas veces la educación que hemos tenido en nuestra infancia se ha centrado más en conseguir adecuarse a un modelo "correcto" de actuar que en respetar nuestra experiencia interna como seres humanos. El riesgo de este tipo de pedagogía es que la persona puede acabarse sintiendo más valioso por lo que hace o sabe que por lo que ES. En algunos casos

Bien. Partiendo de la base de que a muchos de nosotros nos sucedió o crecimos con esta necesidad de validación y lo tuvimos en nuestra educación, ya podemos hacerlo consciente para darle una vuelta. Tiene que ver con algunas palabras que trajo en su momento Maslow en sus estudios: la autoestima, como 4° paso o etapa, y por último la autorrealización. Acá quiero que hablemos un poco de la autoestima y de qué manera podemos hacerla crecer cada día y enfocarnos en crear una autoestima fuerte, que todos sabemos viene de la mano de los resultados, éxitos, respeto de los demás.

¿Te pasó alguna vez de conocer a personas con una alta autoconfianza, autoestima y muy seguras de sí mismas? ¿Cómo te hicieron sentir, qué te pasó, cuál fue tu experiencia? Ahora, sacando del afuera y poniéndolo adentro, te invito a que hagamos un juego de visualización juntos. Lo que vamos a hacer es imaginarnos todas esas ocasiones en las cuales nos sentimos así, y si NUNCA te sentiste así —aun cuando eras pequeño— las inventamos. Imaginemos situaciones donde fuimos reconocidos por nuestro poder, actitud, donde nos sentimos llenos de energía, donde fuimos aplaudidos, un acto, un espacio de alegría, de amor incondicional para con nuestra personalidad, donde estábamos orgullosos de los que nos pasaba, ¿cómo salimos de esa situación, de qué manera la manejamos y, sobre todo, cómo salimos adelante? Porque somos héroes y heroínas cada momento de nuestras vidas, cómo nos ven nuestros hijos cuando son pequeños, con esa admiración.

La búsqueda y el deseo de reconocimiento externo son aspectos naturales del comportamiento humano que tienen raíces en nuestra psicología, desarrollo social y evolución biológica. Aquí hay algunas razones por las cuales tendemos a buscar y esperar el reconocimiento del exterior y estamos en la búsqueda de:

- *Necesidad de validación*: Como seres sociales, buscamos la validación y aprobación de los demás para confirmar nuestra valía y pertenencia. El reconocimiento externo puede proporcionar una sensación de validación y aceptación que refuerza nuestra autoestima y confianza en nosotros mismos.
- *Impulso de pertenencia*: El reconocimiento externo puede fortalecer nuestro sentido de pertenencia a un grupo o comunidad. Ser reconocido por nuestros logros o contribuciones nos conecta con los demás y nos hace sentir parte de algo más grande que nosotros mismos.
- *Motivación y recompensa*: El reconocimiento externo puede actuar como un incentivo y motivador para seguir esforzándonos y mejorando. Cuando recibimos elogios o reconocimiento por nuestro trabajo, nos sentimos motivados a continuar esforzándonos y a alcanzar nuevas metas.
- *Comparación social*: Tendemos a compararnos con los demás en términos de logros, éxito y estatus. El reconocimiento externo puede proporcionar una medida objetiva de cómo nos comparamos con los demás y dónde nos ubicamos en la jerarquía social.
- *Refuerzo social y cultural*: En muchas culturas y sociedades, el reconocimiento externo se valora y se considera como un indicador de éxito y respeto. Desde una edad temprana, aprendemos a buscar el reconocimiento de nuestros padres, maestros, compañeros y figuras de autoridad como una forma de obtener aprobación y recompensas sociales.

Si bien el reconocimiento externo puede ser gratificante y motivador, también es importante encontrar un equilibrio saludable y no depender exclusivamente de él para nuestra autoestima y satisfacción personal. Cultivar una autoestima sólida y confianza en uno mismo, así como aprender a valorar y celebrar nuestros propios logros internamente, puede ayudarnos a reducir nuestra dependencia del reconocimiento externo y a encontrar una mayor satisfacción y sentido de realización en nuestras vidas.

REINICIA TU ENTORNO

Suena fuerte eso de poder eliminar a las personas que te rodean hoy, pero esto es un trabajo que tú solo puedes hacer y lograr.

La idea de esta parte es que puedas ver con objetividad quiénes fueron las personas que te acompañaron y te mostraron el camino, qué aprendiste de ellos, quiénes son o fueron tus mentores, a quién lees o sigues en redes sociales que te inspiran, con quién te sientes en consonancia y a quiénes quieres escuchar. Si me dices que de tu entorno no queda ni una persona, no importa, vamos a resolver esto juntos, es así, vamos a ver de qué manera podemos hacerlo juntos y que no sea doloroso.

No estamos diciendo que no tienes que ver más a tu familia, padre, madre, abuelos, tíos, amigos del alma ni mucho menos. Quizás ellos no están en consonancia con todo lo que estás creando hoy y lo que quieres lograr, o dicen que estás loco por lo que quieres hacer o las metas que te propones para tu vida.

No vas a dejar de hablarles. Solo vas a entender que lo que hacen o dicen ellos es desde SU entendimiento y no que quieren hacerte daño. Solo que eso es lo que tienen aprendido, es su paradigma, su programa, sus creencias sobre la vida o cómo vivirla. Si alguno de ellos tiene los resultados que tú estás buscando es hora de conversar; si no es así, a buscar esos mentores que te acompañen y esas mentes maestras que te sostengan la energía para crear algo mucho más grande y que tu contribución al mundo sea gigante.

Tienes que empezar a elegir con quiénes vas a invertir tu energía, con quiénes ya no lo harás y de qué manera puedes salir de esos espacios donde te das cuenta de que el que habla o dice muchas cosas, es el paradigma de la persona y no su esencia o su alma. Y te pido que sea sin juicio de esa persona o esas personas ya que ellos en muchas ocasiones creen que hacen o dicen lo mejor para ti.

TU MINDSET. TU MENTALIDAD

Tu mente, tu psicología es la base de todo, la creación de todo, la materia prima más importante que tenemos para trabajar con nosotros mismos para crear todo aquello que siempre soñamos.

Uno de los autores que más leí nos explicaba sobre estos diferentes niveles y cómo funcionan. Hablemos de la mente consciente 3%, de la mente subconsciente 97% y nuestro cuerpo como herramienta para crear, disfrutar, vivir, experimentar en este plano.

Desde que empecé a estudiar nuestro cerebro y ver cómo funcionamos empezó para mí un camino apasionante para entenderme a mí como ser humano. Si me entiendo, sé que puedo entenderte a ti porque hay muchas cosas que a todos los seres humanos nos atraviesan como creencias, paradigmas, mente consciente, mente subconsciente, pensamientos, ideas y mucho más. Hoy te voy a ayudar con tu mente porque yo pude cambiar la mía de la siguiente manera: enfocándome todo el tiempo de manera consciente en dónde estoy, qué estoy pensando, qué energía se mueve a mi alrededor, cuáles son mis emociones, qué me está pasando y cuál es mi realidad materializada enfrente de mis ojos.

Vamos por partes. Escribiría solo un libro entero enfocado en *mindset* que sé que pronto va a salir a la luz. Por ahora te voy a contar y expresar cómo funcionamos y de qué manera nos desenvolvemos en el mundo. Desde que nacemos nosotros estamos todos los días adquiriendo y guardando información en nuestra mente subconsciente, en un lugar que denominaremos el archivero mental, ahí va TODO lo aprendido, vivido, lo que nos enseñaron, cosas buenas y no tan buenas, cosas que nos marcaron, que nos llevan a solo pensarlas y conectarnos con ellas. Nuestro cuerpo parece totalmente independiente y reacciona debido a esa conexión que tenemos: el cuerpo humano como herramienta de nuestra mente.

En este archivero mental están las creencias o paradigmas que yo te comentaba. Aquí voy a poner foco en las creencias que nos limitan, esos paradigmas o conexiones cibernéticas en nuestra mente que se disparan solas, que nos llevan a ciertos resultados y no nos dejan llegar en muchos casos a la vida que queremos vivir, los ingresos que deseamos tener o todo lo que queremos lograr. Te preguntarás por qué sucede esto y tiene que ver con lo aprendido. Nuestro sistema reticular o SAR es el que maneja toda esta información y la tiene guardada en ese archivero. Si te enseñaron que el dinero no es bueno, vienes de una familia con conflictos o falta de dinero, de alguna manera eso es lo que te quedó a ti. Cuando lo ves con conciencia y a dar vuelta esas creencias limitantes, sucede algo que todos podemos hacer para poder expandirnos y crear la vida de nuestros sueños. Sé en primer lugar consciente, luego vamos a trabajar sobre esas creencias. Hay varios métodos, a mí me gusta escribir lo negativo y luego pasarlo a positivo, rompiendo todos los papeles de lo aprendido y creando nuevas creencias: el poder de la afirmación y decretar lo que quiero crear desde ahora en adelante, accionar en consecuencia, imaginarme y visualizar esa creencia que me expanda, pensamiento próspero, escribir mis metas cada día, meditar y autosugestionarme.

Todo esto que te acabo de contar es lo que se denominan las habilidades superiores que TODOS poseemos. Así que no hay excusas, todos soñamos, todos imaginamos, todos visualizamos, todos hacemos afirmaciones y pensamos cosas, la pregunta es

¿en qué te estás enfocando hoy, cuál es tu *mindset* HOY? Me gustaría que lo traigas en total transparencia. Y empecemos juntos a vibrar alto, muy alto.

"

MARÍA LAURA PÉREZ SAADE

PROGRAMA. CREENCIA. PARADIGMA

Fuimos educados desde muy chicos —tema del cual somos parte—, creemos ciertas cosas desde una edad muy temprana. ¿Qué pensarías si te dijera que todo eso que aprendiste y que crees real —hasta el nombre que te pusieron— no son tuyos, que todo en realidad fue aprendido de tu entorno? Que las conversaciones son de tu entorno, que las creencias son de tu entorno y que absolutamente todo lo que crees que forma parte de ti no te pertenece. En algún lugar, en una sociedad, con una familia, con un entorno tomamos como propias absolutamente todas las formas de manejarnos, que nos educaron nuestros amigos, papá, mamá, abuelos, maestros, profesores, colegas y entorno. Entonces, ¿qué es un programa?

Un programa o paradigma es todo lo que nosotros creemos que es de tal o cual manera sin ponernos discutir o sin cuestionarlo.

Una creencia, sentimiento, un pensamiento, algo que creemos que es así, que lo aprendimos por repetición o por alto impacto emocional. Creemos que no hay otra manera de entender, saber o vivir esa creencia. Hay dos tipos de creencias: las creencias progresivas, crear cosas más grandes, cumplir sueños, proyectos; y las limitantes que limitan desde que eras muy pequeño, escuchabas en tu casa, en tu entorno, en tu familia o te educaron diciendo que tales cosas no eran buenas o que nunca ibas a salir de ese lugar en el cual naciste o que el dinero no era bueno, o no nace en los árboles.

Vamos por la vida escuchando, aprendiendo y modelando muchas cosas, programas, creencias, paradigmas que nos llevan a tener una realidad, como te decía anteriormente.

Si tu eres consciente y marcas adónde querés llegar, cuáles son tus objetivos, cuáles son tus metas, el GPS que te va a llevar a algún lugar en la vida serán tus programas, tus creencias, tus paradigmas.

Anteriormente te decía qué pasaría si yo te dijera que nada de eso te pertenece, que tú puedes crear desde otro lugar conectado con tu chispa divina, que sería para ti solamente algo espiritual. Yo te puedo afirmar que esto no sólo tiene que ver con algo espiritual, tiene que ver con algo que es cierto, con leyes del universo, con lo espiritual estás conectado con la ciencia, con lo cuántico, con lo que nos pueden decir cada uno de los científicos sobre estos temas: cómo a través de las leyes funciona el universo.

Para cumplir metas en la vida todo empieza con una idea, todo empieza en tu mente, luego lo puedes bajar a papel, eso le da mayor impulso: sabes hacia dónde quieres ir. Más adelante te voy a explicar lo importante que es describir tus metas y puedes repetirlas todos los días porque todo está conectado con todo y tiene que ver con este poder de creación que tenemos todos los seres humanos con las habilidades superiores. Nada de conformismo, todos a crear realmente la vida que queremos crear.

LA MENTALIDAD DEL ÉXITO

Abrirte a la posibilidad es empezar a conectar con ese proceso creativo, con tu deseo ardiente y saber que todo es posible, que aunque hoy veas eso que deseas como algo imposible, no es cierto. Vamos a desafiarnos juntos ya que eso fue lo que me ocurrió cuando dejé de percibir solo a través de cinco sentidos y utilicé mis habilidades superiores como humano.

Algo que me enseñaron mis mentores —todos en total concordancia— fue que para tener éxito lo primero es la actitud y luego las estrategias. Cuántas horas de nuestras vidas nos pasamos haciendo estrategias, pensando cómo queremos o cómo van a ocurrir las cosas; después resulta que nada tiene que ver con cómo las cosas pasaron, sino que fue algo totalmente diferente y ahí voy. Deja de diseñar estrategias todo el día, dedícate a poder bajar esa meta C, tu sueño, tus objetivos, visualiza, autosugestiónate y acciona en consecuencia, subiendo tu energía y tu vibración, para que la energía empiece a cambiar, aparezcan las personas, recursos, los resultados que estás buscando.

Entonces la fórmula es la siguiente:
95% actitud y mentalidad, y 5% estrategia

Ahora vamos a ver cómo funciona está la fórmula ya que tiene que verse de la siguiente manera:

$$P + E + V + A + A = R \text{ (META C)}$$

Esta es mi formula y hoy te la presento porque realizo cada uno de esos pasos, no me olvido de ninguno y lo hago en total conciencia para materializar esos resultados que estoy buscando.

- P = pensamientos (y que no sean paradigmas, programa). Ojo quién está pensando para poder conectar con las ideas de alta vibración y que bajen a nuestra mente.
- E = emoción
- V = visualización
- A = autosugestión
- A = acciones (siempre mínimo 1 hasta 10 diarias)
- R = resultados (nuestra meta C, nuestro sueño, nuestros objetivos)

Esta es mi famosa fórmula para el éxito. Parece simple y sencilla pero adentro de cada uno de sus componentes están las claves para lograr la vida de tus sueños.

Hoy si miras tu exterior y las cosas que tienes frente a tus ojos, vas a ver los resultados materializados de los pensamientos del pasado. Ahora vamos a crear nuevos pensamientos y los vamos a llevar hacia donde queremos ir para así lograr nuestras metas. Recuerda siempre que hay que trabajar con lapicera y papel, que tenemos que escribir y bajar de la mente absolutamente todo. Así funciona, nuestro cuerpo es una herramienta, un vehículo de nuestra mente subconsciente.

CAPÍTULO 5
TOMA TUS PROPIOS RIESGOS

No sabes lo importante que es que un día elijas salir de la rutina y tomar tus propios riesgos. ¿Qué te sucede hoy que no logras tomar esos riesgos que quizás sí tomabas cuando eras joven o no? Siempre fui una persona que antes de tomar una decisión, en la mayoría de los casos, lo pensaba y analizaba. Muy pocas veces me salió esto de ser impulsiva, pero las pocas que lo hice en la mayoría de las ocasiones me sentí muy bien. No sé si me fue bien o mal con la decisión, más allá de la polaridad, de lo bueno o lo malo, de lo correcto o equivocado. Sé que me divertí, que cuando era muy arriesgado la adrenalina que sentía mi cuerpo era hermosa y la verdad me gustaba sentirme acorde con eso.

Luego, a medida que pasaron los años, los casos de riesgos cada vez fueron menos pero siempre busqué la oportunidad de sentir que me tiraba al vacío y que seguro en algún momento la red iba a aparecer. Así fue cuando decidí que mis años de carrera y estudio, todos enfocados en el rubro de las finanzas y los impuestos —en algún momento fueron mi elección— un día, una parte de eso me empezó a resultar pesado, soñaba con ser la Gerente de algún sector que tuviera que ver con mi carrera profesional. Estudié tantas cosas, siempre fui muy autodidacta y estaba abierta a la búsqueda incansable de ver qué era lo mejor para mí. ¿Qué sientes? Aunque a muchos podría parecerles una locura, yo quería volver a cambiar. ¿Nunca te pasó que hiciste algo muchos años o pocos y llegó un día en que no lo disfrutabas como antes y decidiste cambiar? Yo celebro eso: tener la posibilidad de elegir cada día en qué puedo brillar, dónde puedo enfocar mi energía y, sobre todo, disfrutar de lo que hago, eso es lo más importante.

Cuántas veces se nos pasa la vida… cuando dejamos de elegir y nos quedamos cómodos, en trabajos cómodos, en estructuras de negocios familiares, o que siempre funcionaron, que nos aterra el cambio y tenemos miedo al futuro. Somos seres con emociones, vamos a desarrollar esto un poco más adelante ya que me interesa mucho todo lo que implica que seamos seres emocionalmente inteligentes y que la mayoría de nuestras decisiones las tomemos con nuestras emociones.

Volviendo al tema de arriesgarse, un día decidí que no quería más ser solo contadora, que buscaba algo más. Sabía que por ahí solo no iba el tema pero fue una base y la herramienta para darme cuenta de que todo es posible, que si quiero virar el timón lo puedo hacer. Me dediqué a estudiar coaching y quiero que sepan que eso para mí fue un antes y un después. Amé encontrarme de nuevo con algo que me divertía, que me brindaba muchísimas herramientas no solo para mi persona. En primer lugar lo vi para trabajarlo con mis clientes, luego lo vi para mí y al final del túnel logré divisar que eso que estaba buscando —muchos lo llaman propósito o lo que vinimos a hacer— y conecté muchísimo con eso, empecé a disfrutarlo. Fundé una empresa de coaching y mis intereses sumé toda la parte de empresas, y ahí nació el coaching ejecutivo. Una cosa llevó a la otra, fundé Abundantemente, me asocié con mi amiga y coach Paula Herrera y toda la magia empezó a suceder: nuevos clientes, enfocar la energía, crecer, cada vez más clientes, emprendedores, empresas, pymes y mucho más.

Nos preguntamos qué más era posible, qué más podríamos crear. Aparecieron nuevas herramientas para potenciarnos, que sinceramente me llevaron al siguiente nivel: hoy sentarme en una silla y contarles mi historia para inspirarlos, que logren ver que, aunque a veces estamos muy distraídos mirando, hacia otro lado, cómodos, las cosas pueden suceder en un muy corto periodo de tiempo, solo es cuestión de confiar, enfocar la energía, elegir, elegir y elegir.

¿Qué elegiste ayer que hoy ya no elegirías? ¿Verdad que no quieres arriesgarte? ¿Verdad que tienes tanto miedo que no Puedes elegir?

Me hice tantas preguntas, tantas... Las herramientas que aprendí se basan en la pregunta sin importar las respuestas, abrirnos a posibilidades, crear, ser, elegir, y son la base para pararnos y tomar una vía diferente para nuestras vidas.

¿Te gustaría hoy tomar el riesgo de hacer eso que hace años sueñas y no te animas? Eso que te gustaría elegir pero por miedo a los juicios, a las críticas, al qué dirán, al fracaso, al miedo, no lo haces porque te paraliza, porque ya no lo sientes, porque eres grande, porque eres chico, porque, porque, porque... Podemos hablar de tantas excusas, de tantos relatos que nos puede estar contando ahora nuestra cabeza. ¿Qué de todo eso es realmente la persona que eres, qué te conecta, qué eliges hoy, si hoy tuvieras la oportunidad de volver a elegir, de ir por un camino diferente, de cambiar, de salir del closet, qué elegirías para ti hoy?

¿Qué elegirías hoy si suPieras que no vas a fracasar?

CON EL HASHTAG #SALTOALVACIO
@LAUPEREZSAADE

Quiero que le cuentes a todo el mundo qué elegirías y lo compartas con el hashtag del libro. Los quiero leer a todos y todas, qué elegirías, qué estás eligiendo o no hoy, qué cambiarías.

Porque nos da tanto miedo arriesgarnos, la crítica, quieres pertenecer y por eso cuántas veces la vida nos lleva a la comodidad y a no tomar ningún tipo de riesgo.

¿Y si supieras lo que va a acontecer, si lo pasaras por el cuerpo, sería tan terrible para ti?

Volviendo al tema del coaching, imagínense. Creo que al día de hoy muchas personas son coaches, tengo muchos colegas en el escenario y es una profesión que te hace crecer y acompañar a otros en sus procesos. Puedes prepararte, estudiarla, leerte los libros, somos más de 7.500 millones de personas lo que puede llevar a existir a millones de coaches. Qué lindo sería formar una sociedad con profesionales que tuvieran vocación de servicio y lograran con el método acompañar a ver un montón de cosas que hoy, por nuestras vivencias, creencias, programaciones, nos cuestan tanto, ver las maneras desde otro lugar, de otra forma.

Siempre recuerdo la frase que dice que vemos las cosas como somos, y nada más acertado. Lo que para mí es algo, para otras personas es otra cosa, qué diferentes puntos de vista que tenemos de cada cosa que vivimos, aprendimos y elegimos en ese camino, siendo seres emocionales, racionales.

Imaginen la cantidad de pensamientos y puntos de vista que nos podrían llegar a limitar y nos lleven a un *statu quo,* y a jamás arriesgarnos o a hacer lo justo y necesario para sobrevivir.

¿Hoy estás sobreviviendo, estás viviendo o cómo definirías tu vida? Me gustaría saber qué te llevó a comprar este libro y, sobre todo, qué te motivó a que encuentres dentro de él algunas herramientas, palabras que inspiren o simplemente, cuando lo termines de leer, algo te haya resonado, algo nuevo que hayas elegido de manera consciente.

CAPÍTULO 6
VIVIENDO EN PILOTO AUTOMÁTICO

Hace varios días venía hablando en mis redes sociales sobre el tema de vivir de manera automática casi todo el tiempo. Estamos de acá para allá, con actividades, aunque lo que pasó en el año 2020 y 2021, la pandemia mundial, no solo nos trajo muchos despertares, sino también muchos momentos de aprendizaje, tristeza, de encontrarnos con nosotros mismos, mirarnos en un espejo y ver si el reflejo que nos devolvía nos gustaba o no.

También muchos miedos. El comienzo de todo este paradigma fue muy contundente, algo que quedara para la historia a contar de cada uno. En esos momentos muchos despertaron del piloto automático, se dieron cuenta de que lo que estaban haciendo quizás no era lo que realmente querían hacer con sus vidas. Hubo avances, retrocesos, cambios, y seguro más de lo mismo. Pero volviendo al tema de vivir de manera automática, creo que nos llevó a replantearnos muchas cosas y empezar a elegir diferente. ¿Qué fue lo nuevo que te pasó a vos, qué viviste, te atravesó y te llevó a despertar? Te dejo abajo un espacio si lo quieres compartir o eso solo para ti lo eliges tu.

EJERCICIOS

Qué te despertó del piloto automático:

. . . .
. . . .
. . . .
. . . .
. . . .
. . . .
. . . .
. . . .
. . . .
. . . .
. . . .
. . . .
. . . .

Me encantaría que lo compartas, que hiciste tu salto de fe:

En el caso en que no sepas qué escribir, está bien. Siempre digo, decide y elige qué es lo que te gustaría hacer, yo no voy a presionarte, esto es para ti, solo para ti y de alguna manera, me gustaría que sea la invitación para algo nuevo.

¿Por qué vivimos en piloto automático? Aquí podemos analizar varios frentes. El fisiológico: que es para ahorrar energía, que no queremos arriesgarnos, que aunque no es la panacea estamos bien y nos sentimos cómodos, que no queremos cambiar, que puede ser muy duro y difícil ver realmente todo.

Podemos analizar miles de puntos de vista y ninguno está bien o está mal. Acá no vinimos a emitir juicios ni a juzgarnos, vinimos a darnos cuenta del ser grandioso que somos y a empezar a elegir.

¿QUÉ ESTÁS ELIGIENDO HOY?

Y si dejaras por unos minutos de vivir en piloto automático, ¿qué riesgos tomarías, cómo sería tu vida, qué te podría llegar a pasar, con qué te encontrarías, qué te dirían, qué obstáculos podrían surgir? Y todo eso, cuando lo ponemos en balanza, ¿qué pesa más? Sí, volvió la polaridad, de una y otra forma siempre aparece, está presente en nuestras vidas, pero... ¿qué tal si solo por unos instantes no lo pensamos como bueno o malo, sino que elegimos ser y despertamos"

Asumimos el riesgo que eso implica, lo que nos conecte con cosas felices, alegres, que nos llenen de gozo, de placer, de disfrute. ¿Qué podría ser, qué harías?

La primera pregunta que me viene es ¿por qué el piloto automático, por qué elegimos vivir así?

¿Por qué muchas personas vivimos en piloto automático?

Muchas personas viven en "piloto automático" debido a una combinación de factores psicológicos, hábitos arraigados y presiones sociales. Aquí hay algunas razones por las cuales esto puede ocurrir:

- *Hábitos arraigados*: A lo largo de nuestras vidas, desarrollamos una serie de hábitos y rutinas que realizamos de manera automática, sin mucha reflexión consciente. Estos hábitos pueden incluir actividades diarias como cepillarse los dientes, conducir al trabajo o revisar el teléfono constantemente. Una vez que un comportamiento se convierte en un hábito arraigado, es fácil caer en el piloto automático y realizarlo sin pensar.

- *Sobrecarga de información*: En la era digital actual, estamos constantemente bombardeados con información, distracciones y estímulos externos. Esto puede abrumarnos y dificultar nuestra capacidad para estar presentes en el momento y tomar decisiones conscientes. En lugar de hacer elecciones deliberadas, podemos caer en patrones automáticos de comportamiento como una forma de simplificar nuestras vidas y reducir la carga mental.

- *Estrés y ansiedad*: El estrés crónico y la ansiedad pueden llevarnos a desconectar de nuestras experiencias y vivir en un estado de "modo de supervivencia". Cuando estamos estresados, es más probable que nos centremos en tareas prácticas y nos volvamos menos conscientes de nuestras emociones y necesidades internas. Esto puede hacer que nos movamos a través de la vida en piloto automático, sin prestar atención a cómo nos sentimos o lo que realmente queremos.

- *Falta de atención plena*: La atención plena o *mindfulness* implica estar consciente y presente en el momento presente, sin juzgar nuestros pensamientos o experiencias. Muchas personas carecen de prácticas de atención plena y, como resultado, tienden a vivir en piloto automático, sin estar conscientes de sus acciones o el impacto que tienen en sus vidas y relaciones.

- *Presiones sociales y culturales*: En algunas culturas, se valora la eficiencia, la productividad y el éxito material por encima de la introspección y la conexión emocional. Como resultado, las personas pueden sentir presión para seguir adelante con sus vidas de manera automática, sin tomarse el tiempo para reflexionar sobre lo que realmente quieren y necesitan.

Superar el piloto automático requiere práctica y esfuerzo consciente. Esto puede incluir desarrollar hábitos de atención plena, como la meditación y la reflexión diaria, establecer límites en el uso de la tecnología, reducir el estrés a través del autocuidado y la gestión emocional, y cultivar relaciones significativas que nos ayuden a estar más presentes en nuestras vidas.

Y tú, ¿con cuál de ellas te sientes identificada/o?

¿CÓMO PUEDO SALIR DEL PILOTO AUTOMÁTICO?

Salir del piloto automático y vivir de manera más consciente y presente requiere práctica y esfuerzo consciente. Aquí tienes algunas estrategias que pueden ayudarte a hacerlo:

- *Practica la atención plena*: La atención plena implica prestar atención deliberada y sin juicio al momento presente. Puedes practicar la atención plena a través de la meditación, la respiración consciente o simplemente prestando atención a tus experiencias sensoriales y emociones en el momento presente. Dedica unos minutos cada día a practicar la atención plena y observa cómo se siente estar más presente en tu vida cotidiana.
- *Desarrolla el hábito de la reflexión*: Tómate tiempo cada día para reflexionar sobre tus experiencias, emociones y pensamientos. Esto puede ser a través de la escritura en un diario, la meditación o simplemente tomándote unos minutos para estar en silencio y reflexionar. La reflexión te ayuda a conectar contigo mismo y a comprender mejor tus motivaciones y necesidades internas.

- *Establece intenciones diarias*: Antes de comenzar tu día, tómate un momento para establecer intenciones para cómo quieres vivir y cómo quieres interactuar con los demás. Esto puede incluir intenciones para ser más presente, compasivo, o enfocado en el momento presente. Mantén estas intenciones en mente a lo largo del día y haz un esfuerzo consciente para vivir de acuerdo con ellas.

- *Haz pausas conscientes*: A lo largo del día, haz pausas conscientes para revisar cómo te estás sintiendo y qué necesitas en ese momento. Esto puede ser tan simple como tomar un par de respiraciones profundas, dar un paseo corto o simplemente detenerte por un momento y observar tu entorno. Las pausas conscientes te ayudan a reconectar contigo mismo y a mantenerte presente en el momento presente.

- *Reduce las distracciones*: Identifica las distracciones en tu vida, como el uso excesivo de la tecnología, el ruido ambiental o las preocupaciones constantes, y busca formas de reducirlas. Esto puede incluir establecer límites en el uso de dispositivos electrónicos, practicar el desapego emocional o crear un entorno más tranquilo y sereno en tu hogar o lugar de trabajo.

- *Cultiva relaciones significativas*: Pasar tiempo de calidad con personas que te importan puede ayudarte a estar más presente y conectado en tu vida. Dedica tiempo a cultivar relaciones significativas y a construir conexiones profundas y auténticas con los demás. Esto te ayudará a mantener una perspectiva más equilibrada y a estar más presente en tu vida cotidiana.

- *Haz cosas que te traigan alegría*: Incorpora actividades en tu vida que te hagan sentir vivo y feliz. Esto puede ser cualquier cosa, desde practicar un pasatiempo que disfrutes, hasta pasar tiempo al aire libre o simplemente relajarte con un buen libro. El hacer cosas que te traen alegría, te ayuda a mantenerte presente y a conectar con el lado más placentero de la vida.

Recuerda que salir del piloto automático es un proceso gradual y requiere práctica constante. Sé amable contigo mismo y celebra cada pequeño paso que des hacia vivir de manera más consciente y presente en tu vida.

Hoy en día, existen muchas técnicas para poder salir de ese piloto automático y empezar a estar más presente en tu vida, ya que es muy importante para que puedas crear que estés presente, sino todo sigue sucediendo en un mar de acontecimientos que ni siquiera elegiste para tu vida. Lo cierto es que este libro también es una Katrina de realidades para ti y tu mundo. Quiero que seas una persona presente y que desde ese espacio logres crear absolutamente toda tu realidad, de eso se trata, y también de qué manera nos podemos poner a tono, divertirnos, ser amables, ser vulnerables y conectar al 100%.

POR QUÉ ESTAMOS PROGRAMADOS

Ya estuvimos hablando de cómo nuestra mentalidad está programada de cierta o tal manera. Quiero que sepas que esto no lo declaro ni lo desarrollo hoy, sino que se trata de miles de libros con varios autores diferentes que nos hablan de cómo funcionamos y de qué manera podemos ser conscientes de esto para tener una vida que valga la pena ser vivida, ya que desde nuestra mente subconsciente solo surgen muchos paradigmas que se repiten una y otra vez, de nuestra historia, nuestros padres, abuelos, cultura, etc. Entonces, desde este lugar lo que podemos hacer es cuestionarlos y ser conscientes de que están ahí y que en realidad no nos pertenecen. Una vez vi una meditación muy hermosa, donde con amor y respeto devolver a tu árbol familiar todo lo que no te pertenece, que sé era de ellos, así vivían ellos y cargaban con toda esa información ante lo cual, es bueno soltar. Me imagino lo siguiente: tú de frente, con los ojos cerrados a tus ancestros, con las manos llenas de todas estas ideas, programas, paradigmas, y se las devuelves con amor y les dices GRACIAS, sí, gracias, porque ya no te pertenecen, ya no quieres cargarlos y habiendo aprendido o no de ellos, ahora es tiempo de crear tus propias creencias y de salir al mundo desnudo de ellas para armar las tuyas propias. No sé si será fácil. Honestamente a mí en particular me lleva tiempo y lo percibo como un proceso, un proceso donde todo se va dando en cierto tiempo y forma.

¿Te imaginas volver a crear desde otro espacio, sin esos pensamientos que no nos pertenecen? Sería algo increíble, quizás nos lleve toda la vida, pero considero que vale la pena intentarlo.

Me viene una historia, no voy a meterme tanto en ella pero sí en lo que representó para mí el preso número 466/64 en la isla de Robben. Fue una figura mundial que nos dejó su legado de nunca bajar los brazos e ir por lo que su pueblo soñaba: la libertad, algo tan preciado. Más allá de esos 27 años de estar preso, sin poder compartir sus sueños, anhelos, lo que hacía ahí adentro de ese espacio era algo extraordinario: nunca dejó que su realidad lo atara, que lo llevara a un sinfín de ideas sin esperanza o que no tuviera otra opción. Él, estando ahí, elevaba su mente al infinito, soñaba con todo lo que podía crear para su gente, su país. Su imaginación fue una fiel compañera, día a día, no sé cuánto tiempo le dedicaba a ella ya que cumplía trabajos forzados y espacios en los cuales tenía que hacer las tareas de la cárcel encomendadas por sus carceleros, pero él no los veía así. Él los veía como sus escoltas, que eran sus cuidadores, que estaban en la puerta de su celda, no como celadores sino como grandes lores o señores que lo acompañaban. Él veía a su celda como su casa, con todos sus bienes, con su imaginación creaba, creaba todo el tiempo. Él siempre trataba muy bien a todos a pesar de que los demás lo maltrataban. Sabía que era un preso político y aunque se dice que la reclusión deja una sensación de desamparo y vulnerabilidad, él logró elevarse más allá de todo, contarse historias, soñar, imaginar, visualizar, no solo en ese entorno en el cual se encontraba sino también en el que le esperaba cuando fuera libre.

Cuánta fuerza de voluntad y poder debemos tener para no quebrarnos, seguir imaginando y crear esa realidad que tanto anhelamos.

Admiro su entereza, su osadía, su ser impávido y atrevido, ya que podía eludir y soslayar toda esa realidad frente a sus ojos materializada para crear desde su mente. Por supuesto, luego de ser dejado en libertad, llegó a ser el presidente de su pueblo, con millones de seguidores y con grandes logros y sueños cumplidos para su país. Esto le llevó un proceso de casi 30 años, si 3 décadas con cadenas en sus manos y en sus pies, pero SIN CADENAS en su mente, en su imaginación, para crear realmente lo que sabía que algún día se iba a materializar frente a sus ojos. Sabemos de quién estoy hablando y podríamos decir mucho más, él es y fue Nelson Mandela, uno de los líderes más conocidos del mundo actual, que hizo realidad lo imposible: igualdad de derechos, la paz y ser el primer presidente negro de su país.

Qué te quiero dejar con esta historia: lo que más me impactó —sé que podemos hablar muchísimo más— pero solo quiero que hagas foco en esta ocasión en su fuerza de voluntad para imaginar, para visualizar, en que su mente no era una cárcel sino que era ese espacio donde él podía ser libre y crear el país que soñaba para todos.

Pero resulta que hoy nos pasa al revés. Estamos en una cárcel mental sin saberlo, estamos presos de ciertos pensamientos que se repiten una y otra vez de manera permanente, que vuelven, que son bucles de tiempo y espacio que tienen comprados tu espacio en la historia, en nuestra historia y aparecen una y otra vez las mismas situaciones, mismos pensamientos, mismas creencias, mismas programaciones. Lo que quisiera es que si son aquellos que nos llevan a una vida de expansión y felicidad, regocijo y sueños cumplidos, pues bienvenidos sean, pero en cambio, la mayoría son cosas que ya no queremos pensar ni vivir más.

Bien, ¿cómo las transformamos, de qué manera podemos darnos la oportunidad de crear algo totalmente diferente, aunque nos lleve un tiempo en lograrlo?

No quiero que pienses que puede llevarte 30 años. Va a tener que ver con el peso de ese pensamiento y esa creencia sobre qué te gustaría transformar. Yo considero lo siguiente: si logramos hacer consciente lo inconsciente, ya es el primer paso; luego vamos a ser inconsciente lo consciente, enviando a nuestra mente subconsciente esa información exacta que queremos que aprenda sobre felicidad, expansión, libertad, abundancia, prosperidad, equilibrio, para lograr esa vida que queremos vivir al 100%.

Te voy a contar algunas preguntas que me vengo haciendo desde hace varios años para tratar de entender qué sucede y para qué sucede. Seguro que alguna vez viste la película "Matrix" y si no lo hiciste, te la voy a contar un poco. Es una película que se estrenó en los años 90 en la cual se explica, de alguna manera, que todos estamos inmersos en una matriz, una *matrix* como se dice en el film.. Tiene que ver con el hecho de que la vida diaria es toda una ilusión, no sé si leyeron el libro de "Un curso de milagros", ahí se explica más o menos lo mismo pero con otro lenguaje, más profundo, con un poco de metafísica y te diría más espiritualidad y así muchos libros más con este tipo de conceptos. Entonces, no lo considero fantasía sino que hay varias visiones o corrientes diferentes que ven las cosas de este lugar y ahí aparecen varios postulados como el hecho de que todo se crea 2 veces, primero arriba y luego abajo, como expresa el Kybalión, ese libro que tiene todas las enseñanzas herméticas.

Qué te quiero traer con todo esto: lo que vemos ahora, lo que nos rodea, es la creación de todos, como inconsciente colectivo, como resultados de nuestros pensamientos no solo del pasado sino también de nuestra cultura y nuestro entorno. Entonces me pregunto: ¿Qué nos lleva a estar dormidos, a quién le conviene, para quién es productivo, a quién le sirve?

Te puedo asegurar que a nosotros mismos no nos sirve y, aunque cada vez somos más lo que queremos esa vida, esas metas, esos ideales, esos sueños, también hay muchos que no lo creen posible, que están en la peor cárcel de todas, la mental, de la cual ni quiera son conscientes que lo están. Ahí surge el primer despertar, cómo darnos cuenta de que esa cárcel nos lleva a los mismos lugares, las mismas personas, los mismos pensamientos y ese bucle infinito que siempre se repite. Aquí es donde te digo, si estás dormida, ¿te gustaría despertar y salir del piloto automático? Donde creemos que la vida es solo una suma de ciertas variables, cuando en realidad, podemos crear la vida que elijamos.

Todos tenemos la posibilidad de la elección, de ir por un camino diferente y tomarnos ciertos desvíos, crear rutas alternativas, imaginar, visualizar y despertar.

Hoy te invito a desconectar el piloto automático y lo podemos hacer de varias maneras: con meditación, con disfrute, con risas, con estar presentes al 100% en donde estemos, con nuestros hijos, familia, amigos, mascotas.

Busca ese espacio contigo mismo, con la naturaleza, donde conectas, donde eres infinito y puedes decirle a ese piloto que maneja, "okey, gracias, pero ahora yo voy a tomar el mando de mi vida", yo voy a manejarla, por lugares diferentes y arriesgados, seré aguerrido y seguro me perderé, pero nunca dejare que vuelvas a tomar el mando, aunque muchas veces tenga miedo y estés ahí acompañándome, susurrándome al oído "volvamos a lo seguro, no nos arriesguemos", te cuento que puedes venir, charlar, estar, pero no vas a tomar las decisiones, solo yo con mi espíritu lo haremos, siguiendo mi intuición ese poder increíble que tenemos todos y que nos ayuda, cuida y acompaña siempre.

Hoy el piloto automático suelta el control para que lo puedas tomar tú. ¿Qué estás esperando? Es tu gran oportunidad, es tu momentum para ser quien viniste a ser, para liderar, para tomar decisiones, para elegir lo mejor y lo más expansivo, para brillar, para incomodarte y ser el número uno en la incertidumbre que te rodea, aunque no sepas manejar, ya aprenderás, como todo, es un proceso, como cuando aprendiste a caminar, o a andar en bicicleta, proceso progresivo, luego va a salir bien, no podemos esperar que nadie más lo haga por nosotros. Este es tu momento, las luces te están apuntando, tienes que salir a escena.

Es ahora...

Si bien estamos "programados" en cierta medida por nuestras experiencias tempranas y nuestro entorno social, también es importante reconocer que tenemos la capacidad de cambiar y adaptar nuestras creencias y comportamientos a lo largo del tiempo. A través del autoconocimiento, la reflexión y el crecimiento personal, podemos desafiar y modificar los patrones de pensamiento y comportamiento que ya no nos sirven y desarrollar nuevas formas de ser que reflejen nuestras metas y valores personales.

EJERCICIOS

Te invito a que durante varios días puedas escribir todo lo que piensas, así analizaremos juntos los patrones de pensamiento que tienes ya que, a través de ellos, podemos contemplar cuáles son los programas que están detrás de ellos, de esas ideas o pensamientos a lo largo de tu día y tu vida.

Cuando iniciamos esta aventura juntos te invité a tener un libro de bitácora para que acompañes tu autoconocimiento y sepas exactamente cómo es ir hacia adentro, cómo te ves, cómo vibras y sientes, rompiendo un poco con todo lo aprendido y lo que eres hoy.

CAPÍTULO 7
SER LÍDER

EL LÍDER ES UNA PERSONA A LA QUE LAS PERSONAS SIGUEN PORQUE QUIEREN HACERLO.

LARRY WILSON

Siempre me llamó la atención todo lo que se dice sobre el liderazgo y su importancia para nuestra vida ya que tenemos que ser —mínimo— los líderes de nuestras vidas. Leí mucho a varios autores sobre lo que cada uno piensa en cómo se crea un líder, cómo nace, cómo lo podemos ir construyendo cada día, como los arquitectos que somos.

John Maxwell nos habla muchísimo sobre el liderazgo, es uno de los autores más reconocidos a nivel mundial que nos enseña a ser líderes hoy.

También sabemos que en todos lados se habla de este tema. Dicen que no nacemos sino que nos hacemos y algunos quizás consideren que es al revés. Más allá de cómo vemos y pensamos qué es o cómo se crea un líder o cómo nos hacemos líderes, quiero que sepas, que tú, sí, tú, eres un líder nato, y te voy a explicar por qué. Desde que comenzamos a tomar decisiones, aunque solo sean para nosotros mismos, estamos liderando: tu vida, tu colegio, tu facultad, tu trabajo, y así todo lo que hacemos. Cada decisión del camino que tomarás en la vida es también parte de tu liderazgo y, de alguna manera, todos nos estamos liderando a nosotros mismos siempre.

¿Qué conversaciones tienes contigo mismo cuando no tomaste el camino o la decisión adecuados, qué tipo de líder eres, cómo te hablas, qué te dices, cómo te acompañas, cómo te comunicas contigo mismo? Todo esto es clave, acá puede haber un líder por fuerza y no por poder. Hay diferentes maneras de ser nuestros líderes y de convertirnos en alguien carismático, ser ese líder que sueñas con seguir y luego convertirte en uno. Pero antes frenemos todo. Quiero saber cómo te hablas a ti mismo, cómo te lideras a ti mismo, qué te dices, cómo lo haces, cuál es esa manera de decir las cosas, con qué energía y, sobre todo, cuáles son tus resultados.

Te voy a contar una pequeña historia que me paso a mí. Hace unos años atrás era una líder tímida, con falta de fuerza y me costaba decidir y elegir. Luego, a medida que pasaron los años, me convertí en una muy dura conmigo misma, hiriente, presionadora y culposa. Más tarde, con más información y siendo consciente de que esa no era la manera ya que no me sentía para nada bien ni obtenía los resultados que me hubieran gustado, pasé a ser una líder más poderosa, amorosa, compañera, siempre presente, que no solo habla sino que también se llama al silencio y escucha, que abraza y que a pesar de cada situación que vivió, experimentó que siempre, atrás de todo, hay una enseñanza. Como digo yo y los que me conocen, ¿cuál es la bendición oculta de esta situación?

Sí, ser una líder implica una combinación de habilidades, actitudes y conocimientos que pueden considerarse una forma de inteligencia. Seguro que en esto estamos de acuerdo. A menudo se refieren a líderes como un tipo de inteligencia emocional, la cual abarca la capacidad de comprender y gestionar las emociones propias y las de los demás, así como también la habilidad para comunicarse de manera efectiva, resolver problemas, tomar decisiones y liderar equipos.

La inteligencia emocional es crucial para el liderazgo efectivo ya que permite a las líderes comprender las necesidades y preocupaciones de sus colaboradores, manejar conflictos de manera constructiva, motivar y empoderar a su equipo, y mantener la calma y la compostura en situaciones desafiantes. Además, la inteligencia emocional también facilita la construcción de relaciones sólidas y de confianza, lo cual es esencial para influir y guiar a otros de manera efectiva.

Además de la inteligencia emocional, las líderes también pueden poseer otras formas de inteligencia que son relevantes para su papel, como la inteligencia interpersonal (habilidades para relacionarse con los demás), la inteligencia estratégica (capacidad para planificar y tomar decisiones a largo plazo), y la inteligencia cultural (comprensión y adaptación a diferentes culturas y contextos).

En resumen, ser un líder implica una combinación de inteligencia emocional y otras formas de inteligencia que son fundamentales para el liderazgo efectivo en cualquier contexto. Ahora, ¿cómo te sientes con todo esto, qué te hace mella, con qué te conectas con todo lo que te cuento, dónde te sientes que estás ubicado/a hoy?

Vamos a trabajar juntos, sé que eres un gran líder y recuerda que esto lo podemos ir desarrollando y expandiendo. YO NO ESTOY DE ACUERDO CON ESO DE QUE SE NACE O SE HACE. Para mí son ambas cosas, o sea: podemos tener o no más habilidades con respecto a lo que deseamos y elegimos desarrollar, luego es cuestión de enfocar nuestra energía en eso que queremos.

Ahora manos a la masa, vamos a ejercitar un poco nuestra mente.

EJERCICIOS

Vamos a trabajar qué tipo de líder te gustaría ser, para ti y los demás.

. . . .

. . . .

. . . .

. . . .

. . . .

. . . .

. . . .

. . . .

. . . .

. . . .

. . . .

. . . .

. . . .

Me gustaría muchísimo leerte. ¿Te animas a compartir que lograste hacer este trabajo conmigo y con toda la comunidad?

CON EL HASHTAG #SALTOALVACIO
@LAUPEREZSAADE

Muchas veces me pregunté cuál era el éxito para liderar a otras personas, no solo a nosotros mismos. Si te preguntaras eso, ¿cuál sería la respuesta?

A mí lo primero que me viene para compartir es el hecho de que me gustaría estar rodeada de una energía que sea amena, que sea un éxtasis, donde sepa que voy a crecer y voy a aprender mucho, que si hablo de un líder para otros, tenga esa fórmula mágica de atraer de manera magnética a los demás.

Siempre un líder es netamente un creador ya que debe ser capaz siempre de crear nuevos caminos, resultados, posibilidades para él y su equipo, siempre enfocarse en eso que comparte, en poner foco en aquello que decidió y acompañar a todo el equipo a llegar. Pero no solo crea esas ideas sino que también las ejecuta. Cuántas historias escuchamos a lo largo de nuestra vida de esos grandes líderes y cómo también nosotros desde nuestro contexto, nuestro lugar y espacio podemos crear ese liderazgo para nosotros y nuestra vida.

CAPÍTULO 8
FRACASO VERSUS ÉXITO

No rehuyas la crisis. Extrae de ella lo que necesites aPrender y continúa avanzando.

¿QUÉ ES EL ÉXITO PARA TÍ?

Vamos a enfocarnos y trabajar un poco el tema del éxito. Este es un tema que me gusta mucho desarrolar.

¡Empecemos! ¿Te animás a completar qué es el éxito para tí?

....

....

....

....

....

....

....

....

Te cuento lo que el éxito significa para mí: es conseguir aquello que deseo en lo más profundo de mi corazón, eres exitoso cuando obtienes lo que tú quieres no lo que los demás esperan de ti, no dejes que nadie te defina ni ser la mayor expectativa de nadie, sé tú, logra la vida de tus sueños y ve por todo ese éxito que solo es tuyo y te está esperando.

Una vez leí una historia que me dejo estupefacta: que el peor infierno es cruzarte en la calle y mirar a los ojos a esa persona en la que te podrías haber convertido y no lo hiciste.

Como seres humanos siempre estamos buscando las excusas, cómo renunciar, no nos gusta incomodarnos y siempre queremos estar en lugares conocidos, cómodos, ¿qué pasa cuando nos empezamos a incomodar?

El éxito sin realización Personal es un fracaso.

Conócete a ti mismo, y luego sé tú mismo.

"

EL ÉXITO NO SE PERSIGUE, SE ATRAE POR LA PERSONA EN LA QUE TE CONVIERTES.
JIM ROHN

Eliges ser exitoso o fracasado, ya que no nacemos ni lo uno ni lo otro.

¿Qué eliges hoy que no estabas disPuesto a elegir ayer?

Qué significa ser exitoso, letra chica, **tu sueño no es negociable**.

Tienes la obligación de dejar las excusas de lado, no mentirte y hacerte responsable 100 % de todo lo que suceda y los resultados. Crear el hábito de la capacidad de hacer lo que sea necesario.

El éxito sucede cuando la PreParación y la oPortunidad se encuentran.

Vamos a indagar un poco más en la palabra "fracaso" que, según Wikipedia, "es el resultado adverso en una cosa que se esperaba sucediese bien".

La palabra *fracaso* tiene el significado de «fallo» y viene de «fracasar» del italiano *fracassare* derivado del latín *frangere* = "romper, estrellarse".

El fracaso y el éxito son conceptos complejos que pueden ser interpretados de diversas maneras según la perspectiva de cada persona. Aquí hay algunas reflexiones sobre cada uno, vamos a reflexionar juntos.

Fracaso también puede ser:

- *Oportunidad de aprendizaje*: El fracaso puede ser una valiosa oportunidad de aprendizaje. A menudo, cuando fracasamos en algo tenemos la oportunidad de analizar lo que salió mal, identificar áreas de mejora y aprender lecciones importantes que pueden ser aplicadas en el futuro.
- *Resiliencia y perseverancia*: Afrontar el fracaso puede ayudarnos a desarrollar resiliencia y perseverancia. Superar obstáculos y enfrentar adversidades nos permite fortalecer nuestra capacidad para recuperarnos de los contratiempos y seguir adelante con determinación y optimismo.
- *Clarificación de metas y valores*: El fracaso puede ayudarnos a reevaluar nuestras metas y valores, y aclarar lo que realmente es importante para nosotros. A veces, el fracaso nos obliga a replantearnos nuestros objetivos y prioridades, lo que puede conducir a un mayor enfoque y dirección en nuestras vidas.

En cambio, el Éxito podemos verlo también como:

- *Logro de metas y objetivos*: El éxito se asocia comúnmente con el logro de metas y objetivos personales. Al alcanzar nuestras metas, ya sea en el trabajo, en las relaciones personales, en la salud o en otras áreas de la vida, experimentamos una sensación de satisfacción y realización personal.
- *Reconocimiento y validación*: El éxito a menudo va acompañado de reconocimiento y validación externa. Ser reconocido por nuestros logros por parte de otros puede aumentar nuestra autoestima y confianza en nosotros mismos, y fortalecer nuestras conexiones con los demás.
- *Motivación y confianza*: Experimentar el éxito puede aumentar nuestra motivación y confianza en nuestra capacidad para alcanzar metas futuras. El éxito nos brinda evidencia tangible de que somos capaces de lograr cosas importantes, lo que nos impulsa a seguir esforzándonos y superándonos.

Es importante reconocer que el fracaso y el éxito son parte natural de la experiencia humana, y que ambos pueden ser oportunidades para **el crecimiento y el desarrollo personal**. Lo que es más importante es cómo elegimos responder a estos momentos en nuestra vida y qué lecciones extraemos de ellos para seguir adelante con propósito y determinación.

GRACIAS por esta definición y vamos a indagar un poco más sobre esto. Cuando hablamos de resultado esperado, claramente son las expectativas que tenemos sobre ese resultado, de qué manera lo controlamos, manipulamos o simplemente esperamos que sea de tal o cual manera, y cuando no sucede así, es un fracaso. En otras ocasiones, cuando ese resultado que esperabas no es que el que sucede, ¿qué pasa con nosotros? Según la persona en algunas ocasiones estamos soñando, deseando, imaginando, pero qué sucedería si eso que ocurrió fuese perfecto, tenía que ser de esa manera para que luego pudieras abrirte a otras posibilidades, ver otras opciones que si no fueras empujado al vacío, no las verías y que era necesario matar la vaca para poder crear cosas nuevas y elegirlas.

Nunca escucharon el cuento de la vaca y el precipicio, bueno, muy cortito se los cuento.

CUENTO "LA VACA Y EL PRECIPICIO"

La Vaca

Un maestro samurai paseaba por un bosque con su fiel discípulo, cuando vio a lo lejos un sitio de apariencia pobre, y decidió hacer una breve visita al lugar.

Durante la caminata le comentó al aprendiz sobre la importancia de realizar visitas, conocer personas y las oportunidades de aprendizaje que obtenemos de estas experiencias. Llegando al lugar constató la pobreza del sitio: los habitantes, una pareja y tres hijos, vestidos con ropas sucias, rasgadas y sin calzado; la casa, poco más que un cobertizo de madera…

Se aproximó al señor, aparentemente el padre de familia, y le preguntó: "En este lugar donde no existen posibilidades de trabajo ni puntos de comercio tampoco, ¿cómo hacen para sobrevivir? El señor respondió: "amigo mío, nosotros tenemos una vaca que da varios litros de leche todos los días. Una parte del producto la vendemos o lo cambiamos por otros géneros alimenticios en la ciudad vecina y con la otra parte producimos queso, cuajada, etc., para nuestro consumo. Así es como vamos sobreviviendo".

El sabio agradeció la información, contempló el lugar por un momento, se despidió y se fue. A mitad de camino, se volvió hacia su discípulo y le ordenó: "Busca la vaca, llévala al precipicio que hay allá enfrente y empújala por el barranco".

El joven, espantado, miró al maestro y le respondió que la vaca era el único medio de subsistencia de aquella familia. El maestro permaneció en silencio y el discípulo cabizbajo fue a cumplir la orden.

Empujó la vaca por el precipicio y la vio morir. Aquella escena quedó grabada en la memoria de aquel joven durante muchos años.

Un bello día, el joven agobiado por la culpa decidió abandonar todo lo que había aprendido y regresar a aquel lugar. Quería confesar a la familia lo que había sucedido, pedirles perdón y ayudarlos.

Así lo hizo. A medida que se aproximaba al lugar, veía todo muy bonito, árboles floridos, una bonita casa con un coche en la puerta y algunos niños jugando en el jardín. El joven se sintió triste y desesperado imaginando que aquella humilde familia hubiese tenido que vender el terreno para sobrevivir. Aceleró el paso y fue recibido por un hombre muy simpático.

El joven preguntó por la familia que vivía allí hacía unos cuatro años. El señor le respondió que seguían viviendo allí. Espantado, el joven entró corriendo en la casa y confirmó que era la misma familia que visitó hacia algunos años con el maestro.

Elogió el lugar y le preguntó al señor (el dueño de la vaca): "¿Cómo hizo para mejorar este lugar y cambiar de vida?". El señor entusiasmado le respondió: "Nosotros teníamos una vaca que cayó por el precipicio y murió. De ahí en adelante nos vimos en la necesidad de hacer otras cosas y desarrollar otras habilidades que no sabíamos que teníamos. Así alcanzamos el éxito que puedes ver ahora".

Reflexión

¿Qué cosas son Vacas? Hay cosas que nos proporcionan algún beneficio, pero que a la larga nos hacen ser dependientes de ellas y no nos dejan avanzar. Nuestro mundo se reduce a lo que la vaca nos brinda. Las vacas pueden ser desde un trabajo que no nos motiva, pero en el que seguimos porque "peor es nada" o "es seguro" por ejemplo. Son cosas que dependen de nosotros mismos y que no cambiamos, aunque nos gustaría mejorarlas nos conformamos debido a creencias que nos frenan, miedos que nos llevan a acomodarnos, a estancarnos. ¿Tienes vacas en tu vida? ¿Cuáles son?

"La Vaca": Una historia sobre cómo deshacernos del conformismo y las excusas que nos impiden triunfar, su autor se llama Camilo Cruz.

¿Qué te hizo ver que antes no lograbas ver, cómo podemos sacar todas esas vacas de nuestras vidas, para dejar de lado la comodidad y sentirnos un poco incómodos, para así, desde ese lugar, generar el cambio, elegir otra cosa?

Cuando estamos en la comodidad de las cosas, aunque quizás no estás tan cómodo sino que estas "ni", o pongámosle bien, pero sientes que puedes elegir excelente, brillante, obviamente esa posibilidad existe, y no está en tu paradigma, la creas o sino la inventas, pero la puedes hacer realidad.

Siguiendo a uno de los más grandes escritores de la historia sobre la ciencia del éxito, Napoleón Hill, él nos dice que el fracaso es algo temporal y forma parte del camino hacia los logros y el éxito, pero el gran problema está cuando por ese fracaso temporal o esos muchos fracasos temporales, abandonas tu meta, tus sueños, y bajas los brazos, muchas veces a un metro del oro. En uno de sus libros más reconocidos y best seller de ventas, "Piense y hágase rico", en sus primeros capítulos él cuenta la historia de un buscador de oro durante los años de la fiebre del oro en USA. Había muchas empresas buscándolo. Una persona hizo lo imposible para desenterrar y encontrar ese oro pero tuvo que superar muchos obstáculos; en ese superar obstáculos, el último fue quedarse sin dinero para seguir excavando y sostener su empresa, ante lo cual decidió vender todo por casi nada y buscar otra forma de ganarse la vida. La persona que le compró absolutamente todo encontró a unos pocos metros ese oro que el buscador anterior había abandonado. Esto a mí me dejó una enseñanza muy profunda: cuántas veces abandonamos a un metro del oro eso que queremos lograr, eso que anhelamos porque no se da en el tiempo que lo queremos, o como nos gustaría que fuera, cuántas veces nos pasó en la vida de abandonar, de bajar los brazos, porque ya no teníamos recursos, fuerzas o ganas… De eso se trata, de nunca abandonar, de hacer todo lo que esté a nuestro alcance al 100%, que esos fracasos que aparecen antes de lograr el éxito, que solo forman parte del camino, no nos lleven a claudicar, que nos muestren que ese es el camino, que solo son fracasos temporales porque ya vamos a llegar a nuestro tesoro.

EJERCICIOS

Qué ideas, creencias, pensamientos, programaciones tirarías hoy al precipicio que te den la oportunidad de volver a crear sin toda esa carga en ti.

. . . .

. . . .

. . . .

. . . .

. . . .

. . . .

. . . .

. . . .

. . . .

. . . .

. . . .

SEGUNDA PARTE

CAPÍTULO 9
CONÉCTATE CON TU SER

Siempre me conecto conmigo y con mi SER. Cada vez que me siento desconectada todo es mucho más difícil, trato e intento cada minuto cada segundo estar consciente. A veces me desconecto y vuelvo a enchufarme, notas que algo cambia, que todo está en creciente evolución y que aquello que alguna vez para ti fue un mundo —con libros, mentores, información— lo puedes superar, bajando las probabilidades ya que las cosas no siempre salen como esperamos. Aun así, es perfecto como es, todo es perfecto, todo es único e irrepetible, momentos, personas, espacios, relaciones, lugares: lo importante es volver a esa fuente que te conecta, que te energiza, que te ilumina, porque aunque muchas veces estamos o sentimos que la luz se fue, siempre pero siempre podemos volver a encenderla. Tenemos esa elección, la vida es una elección y no decidir también es la elección, ante lo cual… ¿qué estás decidiendo hoy para tu vida, tu día, tu entorno, tu trabajo, tus negocios, tu familia?

Cuando empiezas a mirar para adentro, a ver qué está pasando y a darte cuenta de que muchas veces no te gusta, te incomoda, te sientes fuera de ti y quieres salir corriendo, está bueno tolerar esos momentos para crecer, para aprender, desaprender y ver el recorrido. Seguro que la próxima vez, la próxima elección, lo harás de una manera diferente, con otras herramientas, habilidades, desde otro lugar, y con otros procesos.

Siempre hablo —y me encanta repetirlo una y otra vez— de que eres el creador y la creadora de tu vida. ¿Qué vida estás creando y qué vida te gustaría crear? Porque cuando puedas ver, ser sincero, dejar de mentirte —ya que nos mentimos y engañamos muy seguido, nos creemos muchas cosas que nos dice nuestra mente, nos tomamos como propias cosas de los demás— ese engaño nos lleva a consecuencias que, en la mayoría de los casos, nos atraen hacia sentimientos y emociones negativas, pero si le das una vuelta al asunto y en cada situación vivida encuentras el aprendizaje oculto, podrás no solo crecer sino exponenciarte.

Siempre me pregunté —y me llama mucho la atención esto de que tenemos un SER, un alma, un espíritu, dicen que el alma es diferente al espíritu y vamos a meternos un poco en este tema, cuando hablo de mi SER para entender en este libro y contexto me refiero al ALMA— si a esa conexión que tenemos con algo más profundo que nos lleva a recordar cosas que creemos que ya vivimos, a percibir olores más allá de todo lo conocido, a conectar con personas, lugares, comidas y espacios que en el transcurso de esta vida sabemos que nunca antes los habíamos trazado, vivido o tocado, y ahí estamos todo el tiempo abiertos a experiencias muy afuera de nosotros mismos y que nos llenan de satisfacciones, muchas veces nos ponen tristes, nos conectan con recuerdos que ni siquiera entendemos por qué están ahí o si son nuestros. Bien, tú puedes ser de esas personas a las cuales todas estas cosas que te estoy diciendo no le hacen mella o simplemente buscas siempre no entender o ir profundo, simplemente te quedas en la superficie, no indagas, miras si te incomoda o te encuentras con cosas que no quieres ver. Nada es obligatorio y, por supuesto, nada está bien y nada está mal, yo no estoy acá para juzgarte, pero sí quiero compartirte que mi trabajo es que te incomodes, que te metas para adentro, que vayas a esos espacios donde antes nunca fuiste y seguro te hacen sentir muy incómodo.

Qué pasa cuando nosotros vamos por la vida y de golpe, un día, todo cambia. Sentimos que lo que vivimos no es el propósito de la vida, andamos perdidos, vacíos, sin rumbo, sin metas, con una gran incertidumbre sobre lo que puede pasar y, aunque miramos para adelante, muchas veces avanzamos mirando para atrás, desde el pasado. Y así vamos creando nuestros días, nos abandonamos a la merced de la vida, abandonamos nuestro cuerpo, que es nuestro catalizador para sentir, para jalar, para conectar, para abrazar y para amar.

Cuando eso sucede tu alma llora, te llama desde algún lugar a despertar y de golpe te empiezan a suceder cosas que no entiendes de qué manera podrían suceder así, como una gran orquesta, y que te lleven en algunos momentos a la desesperación o a no entender absolutamente nada de la vida, ¿te pasó?

Algo que aprendí con el coaching que vamos a desarrollar más adelante son las distinciones y vamos a dar un poco de luz con lo que entendemos por alma y espíritu.

La distinción entre el alma y el espíritu es un tema complejo que ha sido abordado de diferentes maneras a lo largo de la historia, tanto en contextos religiosos como filosóficos. Aquí te ofrezco una perspectiva general sobre estas dos concepciones.

EL ALMA

En muchas tradiciones religiosas y filosóficas, el alma se considera la parte inmaterial e inmortal del ser humano, asociada con la individualidad, la conciencia y la esencia interna de una persona.

Se cree que el alma está intrínsecamente conectada al cuerpo físico durante la vida, pero que puede existir de manera independiente después de la muerte.

Según algunas interpretaciones, el alma puede incluir aspectos como la mente, las emociones y la voluntad, y se piensa que es el asiento de la identidad y la personalidad.

EL ESPÍRITU

El espíritu, por otro lado, suele ser considerado una fuerza o entidad trascendente que está más allá del mundo material y puede estar conectada con lo divino o lo universal.

Se dice que el espíritu es la fuente de vida y energía, y puede ser percibido como una fuerza vital que anima tanto a los seres humanos como a la naturaleza en su conjunto.

En algunas tradiciones, el espíritu se asocia con la conexión con lo sagrado, la intuición, la inspiración y la búsqueda de significado trascendente en la vida.

Es importante tener en cuenta que las concepciones de alma y espíritu pueden variar significativamente entre diferentes culturas, religiones y corrientes filosóficas. Algunas tradiciones pueden considerar estos términos como sinónimos o tener concepciones diferentes sobre su naturaleza y función. Además, en el ámbito de la psicología y la ciencia, estas ideas a menudo se abordan desde perspectivas diferentes, como la mente y la conciencia en el caso del alma, y la energía o la fuerza vital en el caso del espíritu.

En resumen, las ideas sobre el alma y el espíritu están profundamente arraigadas en la historia del pensamiento humano y continúan siendo temas de reflexión e interpretación en diversas áreas del conocimiento y la experiencia humana. ¿No te parece muy interesante?

Por eso son temas que siempre me gustó tocar, porque algo hay ahí que nos mueve, esa energía, ese espíritu creativo, de conexión con algo más grande y que nos lleva a la inspiración y la intuición.

Ya sé, seguro me preguntarás, bien, Laura, entendido todo lo que me dijiste, la verdad sí tengo muchas ganas de indagar un poco más y meterme en estos temas, ¿cómo podría hacer para conectarme más con mi alma y escucharla?

¿Sabes que aquí vinimos a experimentar, no? Bueno, vamos por más ejercicios.

Conectar y escuchar a tu alma es un proceso personal y profundo que puede requerir tiempo, práctica y autodescubrimiento. Aquí tienes algunas sugerencias para comenzar:

- *Practica la atención plena (*mindfulness*):* Dedica tiempo cada día para estar en el momento presente, sin juicios ni distracciones. La meditación y la respiración consciente son excelentes herramientas para calmar la mente y conectarte contigo mismo a un nivel más profundo.

  Siempre les recomiendo meditar, es parte de mi vida, o sea, no me imagino vivir sin meditar, sin muchas veces hacer mis respiraciones conscientes y pasarlas por el cuerpo.

  Empieza a crear tu rutina, puedes meditar todos los días, es un espacio que muchas veces te va a costar, no vas a poder, no vas a parar de pensar, se te viene todo lo pendiente, lo que deberías o dejaste de hacer y hasta se te ocurren ideas, te quieres levantar, tienes hambre, te duele algo, se te duerme una pierna, bueno, es así, pero tú no te entregues: sigue y cada vez que te sientes y tu cuerpo con tu mente subconsciente te gane la pulseada, lo vuelves a intentar y así una y otra vez.

Quiero ver tu foto con mi libro y que emPieces a meditar todos los días.

#YOMEDITO #SALTOALEXITO
@LAUPEREZSAADE

- *Explora tus emociones*: Permítete sentir y explorar tus emociones sin juzgarlas. Reconoce tus sentimientos y reflexiona sobre qué te están diciendo sobre tus deseos, necesidades y valores más profundos.

  Este tema lo vamos a desarrollar juntos cuando hablemos de coaching.

- *Escucha a tu intuición*: Aprende a confiar en tu intuición y en tus instintos. A veces, nuestra alma nos habla a través de corazonadas, impulsos o sensaciones físicas. Presta atención a estas señales y respeta tu sabiduría interna.

Herramienta por excelencia, empieza a conectar con tu alma. ¿Cómo podemos seguir la intuición? Muchas veces hasta el cuerpo te avisa, te marca, se resiste y NO lo escuchamos.

La intuición es ese famoso sexto sentido que te dice, ¡ey!, por ahí no va, o como siempre les digo yo: sigue la energía del universo que te está mostrando hacia dónde va, que te lleva a hacer locuras para tus decisiones normales y habituales. ¿Y si de eso se trata, si solo vinimos a aprender y a experimentar? Algo que me encanta recordar, yo lo siento, así es:

¿¿¿y si solo vinimos a divertirnos???

- *Practica la escritura libre*: Dedica tiempo a escribir en un diario sin censura ni filtro. Permite que tus pensamientos, sentimientos y sueños fluyan libremente en el papel. La escritura puede ser una poderosa herramienta para explorar tu mundo interior y conectarte con tu alma.

Esta en una práctica milenaria. Yo percibo que en los tiempos que corren la escritura se está perdiendo, sobre todo el hecho de que ya ni siquiera compramos un cuaderno y una lapicera sino que utilizamos la computadora o el celular.

Pero cuando nosotros usamos nuestras manos, la lapicera, ponemos nuestra letra y escribimos, se produce un reconocimiento muy diferente para el cerebro, tiene otro resultado, otro impacto y es mucho más poderoso. Ahí está la MAGIA de la escritura, tu letra, tu armonía, tus emociones, tu caligrafía, tu alma. No digo que con la laptop no se pueda lograr, solo que la conexión con las neuronas de nuestro cerebro es diferente y no tiene la profundidad de escribir con nuestro puño y letra.

- *Encuentra tiempo para la soledad*: Busca momentos de tranquilidad y soledad en tu vida diaria. La introspección y el tiempo a solas pueden ayudarte a sintonizar con tu voz interior y a escuchar las profundidades de tu alma.

  Amo este tiempo para mí. Te cuento que soy mamá de niños chiquitos con todo lo que eso implica, imagínate lo que a veces cuesta encontrar esos espacios, pero amo ESTAR EN SOLEDAD, conmigo misma, abrazarme, escucharme, mirarme, observar lo que siento y estoy haciendo.

- *Crea espacio para la creatividad*: Dedica tiempo a actividades creativas que te permitan expresarte libremente, ya sea a través del arte, la música, la danza, la escritura u otras formas de expresión. La creatividad puede ser un puente poderoso hacia el alma y una forma de conectar con tu ser más auténtico.

  Tienes tu lugar en el mundo, puede ser tu habitación, tu escritorio, tu balcón, tu jardín, ese espacio de la casa donde te conectas y estas contigo, donde eres creativo, donde contemplas, donde conectas con tu intuición.

  Si no lo tienes aún, te invito a crearlo.

- *Practica la gratitud*: Cultiva una actitud de gratitud y aprecio por la vida. Toma nota de las pequeñas bendiciones y momentos de belleza que te rodean cada día. La gratitud puede abrir tu corazón y ayudarte a conectarte con la alegría y la plenitud del alma.

  Siempre pongo a la gratitud como parte de nuestro crecimiento y de nuestra vida, al 100%, porque la gratitud es una herramienta MUY PODEROSA, ya que con ella podemos conquistar terrenos que capaz jamás imaginamos. Es una energía tan poderosa para la creación, para conectar con el quantum y estar eligiendo cómo nos gustaría que sean nuestras vidas y realidades.

Siempre conecta con la gratitud, por ti, por la vida, por tu cuerpo, por todo lo que vos consideras que deberías tener gratitud.

Recuerda que la conexión con el alma es un viaje continuo y personal. Sé paciente contigo mismo y permítete explorar y crecer a tu propio ritmo. Escuchar a tu alma puede llevarte a un mayor sentido de propósito, significado y autenticidad en tu vida.

CAPÍTULO 10
POR QUÉ COACHING

El coaching para mí fue una de las herramientas de PODER que encontré en mi camino de desarrollo personal y que me llevo a lugares que nunca había pensado, y te voy a explicar por qué.

La primera vez que pensé en la posibilidad de hacer un curso para recibirme de coach de duración de más de un año, me dije: ¿será que esto es para mí? Leí todo, una amiga y colega contadora lo había hecho y me dijo que le sirvió muchísimo para trabajar estas herramientas con las personas, y me dije: a mí que me encanta relacionarme, que tengo muchos clientes y grupos diferentes, me podría servir mucho, lo pensé para el afuera, para mi entorno, pero luego me di cuenta de que también era para mí. A medida que me iba adentrando en los temas, me eran reconocidos, conectaba y me sentía muy a gusto, es más: estos temas yo ya los había vivido, o leído o sabido o conectado con ellos.

Así que luego seguí avanzando y también al dar cursos con herramientas de coaching de sala, personal y de equipos, podía apreciar el desarrollo y la evolución de las personas y eso me llenaba de gratitud y de expansión.

Y obvio quería más. Leí muchísimo del tema, hice muchos talleres, seminarios, cursos, los impartí, me desarrollé y viajé por el mundo preparándome con los mejores, ya sea on line o presencial, y lo sigo haciendo, lo disfruto muchísimo porque me doy cuenta de que nunca termina, que de verdad hay mucha información, mucho por aprender, por compartir. Por eso estoy acá enseñándote cómo salir de esos lugares donde crees que no tienes escapatoria, donde te sientes perdido, desconectado, sin ganas de estar donde estás y que de alguna manera sigues en piloto automático siendo una persona infeliz y apagada. Porque sé de lo que hablo, porque YO LO PASÉ, LO EXPERIMENTÉ.

ESO SE ACABÓ. Claramente si me estás leyendo sabes que hay algo más, que nunca es tarde, que siempre puedes volver a crear cosas diferentes para tu vida y volver a empezar. Sí puedes volver a empezar. Y TE CUENTO ALGO: nunca es de cero, sino siempre es desde tu experiencia.

Me gustaría que hablemos un poco de una metáfora que se hace llama: "romper con la caja". Es una imagen poderosa que se utiliza en el ámbito del desarrollo personal y la creatividad para representar la idea de liberarse de las limitaciones autoimpuestas, los patrones de pensamiento restrictivos y las convenciones sociales establecidas. Cómo se puede interpretar esta metáfora:

- *Salir de la zona de confort*: La "caja" puede representar la zona de confort, es decir, el conjunto de circunstancias y comportamientos en los que una persona se siente cómoda y segura. Romper con la caja implica aventurarse más allá de los límites familiares y explorar nuevos territorios, ya sea en términos de habilidades, experiencias o relaciones.
- *Desafiar las normas sociales*: La "caja" también puede simbolizar las normas y expectativas sociales que pueden limitar la libertad y la autenticidad de una persona. Romper con la caja implica desafiar estas normas y vivir según los propios valores y deseos, en lugar de conformarse con las expectativas de los demás.
- *Superar los pensamientos limitantes*: La "caja" puede representar los patrones de pensamiento limitantes y las creen-

cias autolimitantes que pueden impedir el crecimiento personal y profesional. Romper con la caja implica cuestionar estos pensamientos y creencias, y abrirse a nuevas posibilidades y perspectivas.

• *Fomentar la creatividad*: Romper con la caja también puede significar liberar la creatividad y la imaginación, permitiéndose explorar nuevas ideas, enfoques y soluciones. Al abandonar las limitaciones autoimpuestas, se puede acceder a un mayor potencial creativo y encontrar nuevas formas de abordar los desafíos.

En resumen, la metáfora de "romper con la caja" es una invitación a la libertad, la autenticidad y la exploración. Nos recuerda la importancia de desafiar las limitaciones autoimpuestas, vivir de manera auténtica y abrirnos a nuevas posibilidades en todos los aspectos de la vida.

Además de las interpretaciones mencionadas anteriormente, la metáfora de "romper con la caja" también puede tener otras dimensiones y aplicaciones:

• *Fomentar la resiliencia*: Romper con la caja puede implicar desarrollar la capacidad de adaptarse y recuperarse de los desafíos y adversidades. Al salir de nuestra zona de confort y enfrentarnos a lo desconocido, cultivamos la resiliencia emocional y la capacidad de sobreponernos a las dificultades.

• *Promover la autenticidad*: Al liberarnos de las expectativas externas y los roles predefinidos, podemos conectar con nuestra autenticidad y vivir de manera más fiel a nosotros mismos. Romper con la caja implica abrazar nuestras peculiaridades, singularidades y verdaderos deseos, en lugar de conformarnos con lo que se espera de nosotros.

• *Fomentar el crecimiento personal*: Romper con la caja nos invita a buscar constantemente oportunidades de aprendizaje, crecimiento y desarrollo personal. Al desafiar nuestras propias limitaciones y buscar nuevas experiencias, expandimos nuestra perspectiva y nos convertimos en versiones más completas y realizadas de nosotros mismos.

- *Inspirar la innovación*: En un contexto profesional o empresarial, romper con la caja puede ser un catalizador para la innovación y la creatividad. Al desafiar las convenciones establecidas y pensar de manera no convencional, podemos descubrir nuevas soluciones y enfoques que impulsen el progreso y el cambio positivo.

- *Fomentar la empatía y la apertura*: Romper con la caja también puede significar abrirnos a nuevas perspectivas, culturas y formas de pensar. Al adoptar una actitud de curiosidad y empatía hacia los demás, podemos ampliar nuestra comprensión del mundo y fortalecer nuestras conexiones humanas.

En resumen, la metáfora de "romper con la caja" es una invitación a la exploración, la autenticidad y el crecimiento en todas las áreas de la vida. Nos anima a desafiar las limitaciones autoimpuestas, abrazar la diversidad y buscar constantemente nuevas oportunidades de aprendizaje y desarrollo personal.

Esta es una de las razones más importantes por las cuales YO escribí este libro y lo comparto contigo ya que la única manera de hacer todos estos cambios, romper con la caja, avanzar, sentirte que estás rodeado de incertidumbre y crear cosas diferentes todos los días, es saliendo de tu zona de confort, rompiendo con todos esos límites autoimpuestos por quien sea, ya ni siquiera me interesa ahondar en eso, ya lo entendiste, ya sabes por dónde va, sé que a esta altura del libro ya me dijiste EUREKA.

EJERCICIOS

TRATADO CON VOS MISM@

Para poder cumplir y tener cierta autenticidad con vos mismo y una increíble relación con tus metas, sueños y deseos, te dejo este tratado, para que siempre que veas que ya no estas cumpliendo algunos de estos ítems te fuiste de tu espacio real de autenticidad y transparencia con tus objetivos.

Espero lo puedas cumplir al 100%. La vida es así: o damos todo, o mejor no des nada.

- *Sé honesto contigo mismo*: Antes de poder ser auténtico con los demás, es importante ser honesto contigo mismo. Tómate el tiempo para conocerte a ti mismo, reflexionar sobre tus valores, creencias y emociones, y aceptarte tal como eres y si hay cosas que te gustaría mejorar o cambiar, bueno, pues vamos por ello.
- *Sé coherente*: Vive de acuerdo con tus valores y creencias en todas las áreas de tu vida. Mantén la coherencia entre lo que dices y haces. Evita ser diferente en diferentes situaciones o con diferentes personas.
- *Sé transparente*: Sé abierto y honesto en tus comunicaciones con los demás. Expresa tus pensamientos, sentimientos y necesidades de manera clara y sincera. Evita ocultar información o ser engañoso.
- *Sé vulnerable*: No tengas miedo de mostrar tu vulnerabilidad y ser auténtico en tus interacciones. Comparte tus experiencias, emociones y desafíos de manera honesta y abierta. Esto puede ayudar a construir conexiones más genuinas con los demás.
- *Acepta tus imperfecciones*: Nadie es perfecto, y está bien cometer errores o tener áreas de mejora. Acepta tus imperfecciones

y errores como parte de tu humanidad. Ser auténtico implica ser honesto sobre tus fortalezas y debilidades.

- *Escucha activamente*: Practica la escucha activa y muestra interés genuino en los demás. Valora sus experiencias, perspectivas y emociones. Esto puede ayudar a crear un ambiente de confianza y apoyo donde las personas se sientan cómodas siendo auténticas.
- *Sé empático*: Muestra empatía hacia los demás al reconocer y validar sus sentimientos y experiencias. Trata a los demás con compasión y comprensión, incluso cuando no estés de acuerdo con ellos.
- *Sé fiel a ti mismo*: No te comprometas con tus valores o creencias solo para encajar o complacer a los demás. Mantente fiel a ti mismo y a lo que crees, incluso si eso significa ser diferente o enfrentar críticas.

Al modelar este tratado en tu vida diaria, puedes inspirar a otros a hacer lo mismo y cultivar relaciones más genuinas y significativas en tu vida personal y profesional.

HABLEMOS DE LAS EMOCIONES

A lo largo de mi vida me costó mucho hablar de las emociones. Me considero una persona súper emocional en el sentido de que más allá de que todo el mundo me dice "y sí, Lau, sos de piscis", te cuento que siempre fui de volar con mis emociones: busco luz y amor donde muchas veces no hay hasta ver cosas lindas, o brillar con los ojitos en situaciones que de verdad no lo ameritaban o no existía la posibilidad de algún tipo de emoción o sentimiento. Siempre dije que así soy yo, emocional, que vivo, siento y percibo todo al 100% porque no encuentro otra manera de hacerlo, no veo una vida sin emociones, sin sentir, sin ser y sin fluir con lo que me pasa por el cuerpo.

Quiero hablarte de las emociones básicas de los seres humanos según el coaching ontológico. Pero antes te voy a contar por qué "ontológico": qué es y qué significa. "El coaching ontológico, una disciplina que se centra en el estudio del ser humano desde una perspectiva integral, reconoce una amplia gama de emociones que pueden influir en nuestro comportamiento, pensamientos y acciones."

Aunque las emociones pueden variar dependiendo de cada individuo y de la situación específica, aquí hay una lista de algunas emociones comunes que se exploran en el coaching ontológico. El objetivo es aumentar la conciencia emocional y desarrollar habilidades para gestionar y canalizar estas emociones de manera efectiva para lograr un mayor bienestar y éxito en la vida personal y profesional.

- *Alegría*: Sentimiento de felicidad, satisfacción y bienestar.
- *Tristeza*: Emoción asociada con la pérdida, el pesar o la desilusión.
- *Miedo*: Sensación de ansiedad o aprensión ante una amenaza percibida.
- *Ira*: Sentimiento de enfado, irritabilidad o resentimiento.
- *Asombro*: Emoción de sorpresa, admiración o maravilla ante algo inesperado o extraordinario.
- *Vergüenza*: Sentimiento de humillación, incomodidad o autoconciencia negativa.
- *Culpa*: Emoción asociada con la responsabilidad percibida por haber causado daño o haber cometido un error.
- *Amor*: Sentimiento de afecto profundo, conexión y cuidado hacia uno mismo o hacia los demás.
- *Esperanza*: Emoción optimista relacionada con la anticipación de un resultado positivo en el futuro.

- *Desesperanza*: Sensación de desaliento o falta de expectativas positivas sobre el futuro.
- *Envidia*: Emoción de deseo o resentimiento hacia los logros o posesiones de otros.
- *Empatía*: Capacidad de comprender y compartir los sentimientos de los demás.
- *Compasión*: Sentimiento de simpatía, preocupación y deseo de ayudar a los demás en situaciones de dificultad.
- *Gratitud*: Emoción de aprecio y reconocimiento por lo que se tiene o se ha recibido.

Bien. Ahora que ya sabemos cuáles son algunas de las emociones que podemos sentir a lo largo de nuestra vida, te pregunto, ¿cuáles sentiste más y cuáles menos? Vamos a hacer un ejercicio-termómetro de las negativas y las positivas, a ver cómo estamos.

EJERCICIOS

Con el listado de emociones que te compartí anteriormente te invito a hacer lo siguiente: mira tu último año, solo 1 año para atrás y vamos a ponderar cada una de las emociones de la lista. Imagínate que es una torta o termómetro y hay q llegar al 100%. ¿Cuánto de ese porcentaje le darías a cada una de ellas? ¿Cuánto se llevó de tu energía esa emoción el año anterior?

Este ejercicio puede ser muy revelador ya que vas a comprender cuánto de TU ENERGÍA –algo vital y de suma importancia– se llevó esa emoción. Recordemos que una emoción es una energía en movimiento. Si movemos esa energía mucho tiempo es nuestra onda de wifi y si es lo que más irradiamos, es nuestra frecuencia, si es nuestra frecuencia, es lo que estás atrayendo como un imán, situaciones, personas, exactamente similares a esa energía.

Espero que puedas empezar a ser consciente de lo que te acabo de describir ya que esto es clave para tu desarrollo y para que puedas vibrar y volar alto.

POR QUÉ NOS RESULTA DIFÍCIL HABLAR DE NUESTRAS EMOCIONES

Yo creo y considero que seguro hay varias razones por las cuales a algunas personas les resulta difícil hablar de sus emociones o permitirse sentir plenamente.

Estuve haciendo un análisis, buscando información y comparto algunas de estas razones:

- *Cultura y educación*: En muchas culturas, se enseña a las personas a reprimir o minimizar sus emociones, especialmente las consideradas negativas como la tristeza, el miedo o la ira. Desde una edad temprana, se nos puede enseñar a "ser fuertes" o "aguantar" nuestras emociones en lugar de expresarlas abiertamente. ¿Te suena? Igual creo que ya está cambiando, hoy se permite y se habla de las emociones en la escuela, desde muy temprana edad, sé que quizás no en todas, pero es una tendencia que viene creciendo.
- *Miedo al juicio o rechazo*: Muchas personas tienen miedo de ser juzgadas o rechazadas por sus emociones, especialmente si se perciben como "debilidades" o "inaceptables" por parte de los demás. Este temor al juicio puede llevar a la represión de las emociones y a la falta de apertura sobre ellas. ¿Qué van a pensar o decir de mí?
- *Vulnerabilidad percibida*: Hablar de nuestras emociones puede hacernos sentir vulnerables o expuestos ya que revelar cómo

nos sentimos puede significar abrirnos a la posibilidad de ser heridos o malinterpretados por los demás. Como resultado, algunas personas prefieren mantener sus emociones guardadas para protegerse. ¿Me verán como una persona débil?

- *Desconexión emocional*: En ocasiones, las personas pueden desconectarse emocionalmente como una forma de hacer frente a experiencias traumáticas o dolorosas en el pasado. Esta desconexión puede hacer que sea difícil reconocer, entender o expresar las propias emociones. De paso, te invito a que puedas darte la oportunidad de ahondar en esas circunstancias y permitirte sentir, ya que es clave para nuestras vidas y es la energía con la cual hablan nuestros cuerpos, es su lenguaje con el Universo.

- *Falta de habilidades de comunicación emocional*: Algunas personas pueden no haber aprendido cómo identificar, etiquetar o expresar sus emociones de manera efectiva. Como resultado, pueden sentirse perdidas o abrumadas cuando se trata de hablar sobre lo que sienten. Escribe, comparte algún espacio de reflexión, haz terapias holísticas y habla de todo esto que está pasando, así podrás expresarlo y exteriorizarlo.

- *Carga emocional*: A veces, las emociones pueden ser abrumadoras o intensas, especialmente si se acumulan durante mucho tiempo sin ser expresadas. Esto puede hacer que sea difícil enfrentarlas o procesarlas, lo que lleva a su evitación o represión. NO GUARDES TUS EMOCIONES, NO LAS OCULTES. Te invito a dejarlas salir: llora, grita, muévete, corre, suelta.

Es importante tener en cuenta que todos experimentamos emociones de manera diferente y que no hay una forma "correcta" de sentir o expresarlas. Sin embargo, reconocer y aceptar nuestras emociones, así como buscar apoyo cuando sea necesario, puede ser un paso importante hacia una mayor salud emocional y bienestar. Cada uno de nosotros somos únicos e irrepetibles, busca tu equilibrio, conéctate con tu SER AUTÉNTICO y vibra desde ese espacio siempre, en total transparencia, y al que no le gusta, ahí está la puerta.

HABLEMOS DE DISTINCIONES

De cómo podemos usar estar herramientas denominadas distinciones a nuestro favor.

En el contexto del coaching ontológico, las "distinciones" se refieren a herramientas conceptuales o marcos de referencia que se utilizan para comprender y abordar diversos aspectos de la experiencia humana. Estas distinciones son formas de clasificar, organizar y comprender la realidad desde una perspectiva ontológica, es decir, centrándose en el ser humano y su manera de ser en el mundo.

Quisiera compartir contigo estas distinciones porque a mí me llevaron a ver las cosas desde otra óptica, a desaprender muchas veces y a aprender cosas nuevas, a abrirme a la posibilidad de que existen nuevas maneras de ver la vida y de también llevar adelante todo lo que creemos.

Algunas distinciones comunes en el coaching ontológico incluyen:

- *Observador y observación*: Explora cómo nuestras percepciones e interpretaciones de la realidad están influenciadas por nuestra manera de ser, nuestras experiencias pasadas y nuestras creencias. También denominado nuestro sesgo, todo está repleto de él.
- *Lenguaje y conversación*: Examina cómo el lenguaje influye en nuestra manera de pensar, sentir y actuar, y cómo podemos utilizar la comunicación efectiva para generar nuevas posibilidades y transformar nuestras relaciones. Y cómo puede

ser el mismo, también a través de nuestros cuerpos, nuestro lenguaje corporal.

- *Emociones y estados de ánimo*: Analiza cómo nuestras emociones y estados de ánimo afectan nuestra percepción y comportamiento, y cómo podemos aprender a gestionar nuestras emociones de manera más efectiva. Ya lo hablamos anteriormente.
- *Cuerpo y emociones somáticas*: Reconoce la conexión entre nuestras emociones y sensaciones corporales, y cómo podemos utilizar la conciencia corporal para mejorar nuestro bienestar emocional y físico. Esto es clave, todo pasa por nuestro cuerpito.
- *Acción y resultados*: Examina cómo nuestras acciones y decisiones afectan nuestros resultados y cómo podemos identificar y superar los obstáculos que nos impiden alcanzar nuestras metas. ¿Qué estás haciendo HOY para alcanzar ese lugar al cual quieres llegar o tener eso que deseas tener?
- *Sistemas y contexto*: Reconoce cómo nuestras interacciones y relaciones están influenciadas por los sistemas y contextos en los que estamos inmersos, como nuestra familia, comunidad y cultura. Estamos programados, ya lo hablamos.
- *Autoconciencia y autorreflexión*: Explorar la capacidad de una persona para observarse a sí misma, comprender sus propias motivaciones, valores y patrones de comportamiento.
- *Narrativa personal*: Reconocer cómo las historias que nos contamos a nosotros mismos sobre quiénes somos y cómo funciona el mundo influyen en nuestra manera de ser y en nuestras acciones. Yo lo llamo, nuestro DISNEY personal.
- *Sistema de creencias*: Identificar las creencias subyacentes que guían nuestro pensamiento y comportamiento, y cómo estas creencias pueden ser limitantes o empoderadoras. Ya lo hablamos anteriormente.
- *Integridad*: Explorar la alineación entre lo que decimos, lo que hacemos y lo que valoramos, y cómo podemos vivir de

manera coherente con nuestros principios. Tan simple como hacer lo que decimos que vamos a hacer.

- *Empoderamiento*: Reconocer el sentido de capacidad, autonomía y responsabilidad personal para crear cambios positivos en la vida. SOMOS COCREADORES.
- *Resiliencia*: Explorar la capacidad de recuperarse y adaptarse frente a desafíos, adversidades y cambios en la vida. Superar los obstáculos y desafíos que nos presenta la existencia.
- *Creatividad*: Reconocer la capacidad de generar nuevas ideas, enfoques y soluciones para resolver problemas y alcanzar objetivos. Todos somos creativos, solo es un músculo que tenemos que desarrollar.
- *Confianza*: Explorar la creencia en nuestras propias habilidades y en la capacidad de enfrentar desafíos y tener éxito. En ti sobre todas las cosas.
- *Toma de perspectiva*: Reconocer la capacidad de entender y apreciar diferentes puntos de vista, y cómo esto puede influir en nuestras relaciones y decisiones. Respetar a los demás quienes, con su sistema de creencias y sesgo, pueden ver las cosas de manera totalmente opuesta.
- *Aceptación y tolerancia*: Explorar la capacidad de aceptar y valorar la diversidad en las personas y en las experiencias de vida. Es un DON.

El objetivo de trabajar con distinciones en el coaching ontológico es aumentar la conciencia, la responsabilidad y la capacidad de acción, permitiéndonos generar nuevas posibilidades y alcanzar objetivos de manera más efectiva. También las comparto para mostrarte todo lo que a mí me hizo mucho ruido y me llevó a elegir el cambio en muchas cosas. Por eso te las voy trayendo, a ver con cuáles resuenas y qué sientes o percibes. También quisiera hacer foco en tres: responsabilidad, compromiso y autoestima.

¿QUÉ ES LA RESPONSABILIDAD?

En el coaching ontológico, la responsabilidad es un tema fundamental que se aborda de manera integral. La responsabilidad no se limita únicamente a cumplir con deberes u obligaciones externas, sino que implica asumir la responsabilidad por la propia manera de ser, actuar y relacionarse en el mundo. Aquí hay algunas ideas clave sobre la responsabilidad en el contexto del coaching ontológico que estuve examinando y que me gustaría que veamos juntos.

- *Responsabilidad personal*: En el coaching ontológico, se promueve la idea de que cada individuo es responsable de su propia vida y bienestar. Esto incluye asumir la responsabilidad por las decisiones, acciones y resultados, así como por las emociones, pensamientos y creencias propias.
- *Responsabilidad relacional*: Además de la responsabilidad individual, se reconoce la importancia de las relaciones interpersonales y la responsabilidad que tenemos hacia los demás. Esto implica ser consciente del impacto de nuestras acciones y comunicaciones en los demás, y asumir la responsabilidad de mantener relaciones saludables y respetuosas.
- *Responsabilidad ontológica*: En el coaching ontológico, se exploran las dimensiones más profundas de la responsabilidad relacionadas con nuestra manera de ser en el mundo. Esto incluye tomar conciencia de cómo nuestras interpretaciones, creencias y perspectivas influyen en nuestras acciones y resultados, y asumir la responsabilidad de cambiar estas dinámicas si es necesario.
- *Responsabilidad de resultados*: Se reconoce que los resultados que experimentamos en la vida están influenciados por nuestras acciones, decisiones y enfoques. Por lo tanto, parte de la responsabilidad implica ser consciente de cómo con-

tribuimos a los resultados que obtenemos y estar dispuestos a tomar medidas para cambiar lo que no esté funcionando.
- *Responsabilidad emocional*: También se aborda la responsabilidad de nuestras emociones y estados de ánimo. Esto implica reconocer que somos responsables de cómo respondemos emocionalmente a las situaciones, y asumir la responsabilidad de gestionar nuestras emociones de manera constructiva y saludable.

La responsabilidad va más allá de simplemente cumplir con obligaciones externas, y se trata de asumir la responsabilidad por nuestra manera de ser, actuar y relacionarnos en el mundo.

La distinción del compromiso se refiere a la capacidad de una persona para cumplir con sus promesas, acuerdos y objetivos, así como a mantener una disposición proactiva hacia el logro de los resultados deseados.

- *Promesas y acuerdos*: En el coaching ontológico, se reconoce que las promesas y los acuerdos son fundamentales para establecer la confianza y la integridad en las relaciones personales y profesionales. Cumplir con lo que se promete o se acuerda es una expresión de compromiso y responsabilidad hacia uno mismo y hacia los demás.
- *Claridad y especificidad*: Es importante que las promesas y los acuerdos sean claros, específicos y alcanzables. Esto facilita la comprensión mutua y la claridad sobre lo que se espera de cada parte y ayuda a evitar malentendidos o decepciones en el futuro.
- *Responsabilidad y rendición de cuentas*: El compromiso implica asumir la responsabilidad de cumplir con lo prometido y estar dispuesto a rendir cuentas por ello. Esto significa hacerse cargo de las propias acciones y resultados, y estar dispuesto a corregir el rumbo si es necesario.

- *Persistencia y determinación*: El compromiso también implica mantener una actitud de persistencia y determinación hacia la consecución de los objetivos. Esto significa estar dispuesto a superar obstáculos, enfrentar desafíos y seguir adelante incluso cuando las cosas se vuelven difíciles.
- *Flexibilidad y adaptabilidad*: Aunque el compromiso implica mantenerse firme en la consecución de los objetivos, también es importante ser flexible y adaptable en la forma en que se abordan los desafíos y se logran los resultados. Esto puede implicar ajustar las estrategias o enfoques según sea necesario para adaptarse a las circunstancias cambiantes.

Para el coaching, la autoestima se refiere a la valoración y percepción que una persona tiene de sí misma, así como a la confianza y respeto que se tiene a sí misma. Es un componente fundamental del bienestar psicológico y del éxito personal y profesional.

- *Valoración personal positiva*: La autoestima implica tener una actitud positiva hacia uno mismo y reconocer y valorar las propias cualidades, habilidades y logros. Esto incluye aceptarse a uno mismo tal como se es, con sus fortalezas y debilidades.
- *Confianza en uno mismo*: La autoestima se relaciona con la confianza en las propias capacidades y en la capacidad de enfrentar desafíos y superar obstáculos. Una persona con una **autoestima** saludable confía en su capacidad para tomar decisiones, resolver problemas y alcanzar sus metas.
- *Respeto por uno mismo*: La autoestima implica tener un profundo respeto por uno mismo y por las propias necesidades, deseos y límites. Esto implica establecer y mantener límites saludables en las relaciones personales y profesionales, y no permitir que otros violen estos límites.
- *Autoconciencia*: La autoestima está relacionada con la autoconciencia y la capacidad de reconocer y comprender

las propias emociones, pensamientos y comportamientos. Esto implica ser honesto con uno mismo en las áreas en las que se puede mejorar y estar dispuesto a trabajar en el autodesarrollo.

• *Autoaceptación*: La autoestima implica aceptarse a uno mismo incondicionalmente, independientemente de los errores o fracasos que se puedan experimentar. Esto implica no juzgarse duramente a uno mismo y cultivar la compasión y la autocompasión.

Ahora que ya tenemos un panorama de todas las distinciones para aplicar a nuestras vidas, es como un profesional que sabe de qué habla y lo aplica a su vida, te invito a que así sea.

Si no sabemos qué significa o cómo nos atraviesa a todos, seguimos en una burbuja de ignorancia y no podemos aplicar estos conocimientos, muchos de ellos los aprendí a lo largo de los años, en mis cursos, talleres, seminarios, pero también los practico día a día. Muchas veces quieren quedar rezagados u olvidados, pero siempre busco volver a conectar con ellos, NO como moda, sino como estilo de vida, eso es: simplemente un estilo de vida para ti.

COACHING HOLÍSTICO

¿Sabes por qué siempre digo que hago un coaching diferente? Un coaching holístico, cuántico, energético... porque trabajo de manera integral con otras herramientas, no solo lo ontológico, sino que también trabajo con nuestro cuerpo espiritual. Les recuerdo que vimos nuestros cuerpos cuando empezamos a hablar y compartir información, dijimos que eran cuatro: físico, mental, emocional y espiritual.

Considero que trabajo muchísimo desde este cuerpo, ya que él es clave para nuestra intuición, alma, espíritu y nuestro SER.

El coaching holístico se basa en la premisa de que las personas son seres integrales y complejos, y que el crecimiento y el desarrollo personal deben abordarse de manera integral, teniendo en cuenta todos los aspectos de la vida de una persona: físico, emocional, mental y espiritual.

El coaching holístico reconoce la interconexión entre todos los aspectos de la experiencia humana y trabaja para equilibrar y armonizar estos aspectos para lograr un bienestar general, por eso es por lo que yo los trabajo y los vivo de esta manera.

Siempre me gustó decir que se trata de un todo, de manera integral, donde veamos y analicemos absolutamente todo lo que nos rodea, todo nuestro interior y que cuando nos sentamos insatisfechos con nuestra vida, con nuestra realidad, ahí empieza el camino. Seguro sí te pasó y sabes de lo que estoy hablando: te dijeron que deberías empezar con terapia y así empecé terapia hace 17 años atrás, un lugar al que suelo volver porque puedo pensar muchas veces de manera diferente y me gusta desafiarme. También entiendo que muchas cosas son mentales, que están ahí dando vueltas una y otra vez. Soy una mujer que se obsesiona muchas veces con lo que quiere o desea, y eso no suele llevarme a buen puerto.

Así y todo, por algún lugar se empieza y por donde tú elijas será perfecto y estará muy bien. Otros van directo por lo holístico, cursos, desarrollo del ser, pnl, coaching, inteligencia emocional, constelaciones, registros akáshicos, tarot, reiki, barras de access, astrología y mucho más... Hoy tenemos un abanico enorme de opciones con las cuales vibrar y conectar o ir pasando por diferentes herramientas. Eso no significa que te cases con una, puedes hacerlo con todas, o simplemente enamorarte de alguna técnica, lo que desees va a estar bien. Y si hoy conectas con alguna y mañana no, también está bien, de eso se trata también: ir viendo cómo nos autoconocemos a medida que avanzamos y qué nos va sucediendo.

Yo amo entregarme, disfrutar las técnicas, elegir diferentes mentores, conectar, ser, cambiar, mudar, transformar y así sucesivamente como la rueda de la fortuna, que tiene que ver con eso de los ciclos, los cambios, hoy arriba mañana abajo. El Kybalión: como es arriba es abajo.

Estoy creando y conectando con un nuevo entrenador para nuestro ser: un entrenador de mentes. Ya sabemos que somos seres con neuroplasticidad, que podemos cambiar todo, que los pensamientos son cosas, que no dependemos solo de nuestro ADN y la herencia familiar, que podemos romper barreras, autosanarnos, conectar con la mayor abundancia y sentirnos plenos, pero eso depende mucho de nuestra mente, o sea: que estamos pensando cómo es nuestra vida, que estamos eligiendo ser.

He leído muchas historias de personas que superaron enfermedades graves, accidentes, momentos muy duros y difíciles, que muchas veces son personas comunes, viviendo vidas comunes, y siempre se encuentran cosas en común con estos personajes: primero tomar la decisión y luego acompañarlas con su mente, con sus pensamientos, emociones y elecciones.

Desde este lugar es donde me enfoco más en trabajar el coaching de manera holística, pero hoy estoy virando a lo nuevo, coaching cuántico. ¿Estás listo?

"

DEBEMOS LIBERARNOS CON LA AYUDA DE NUESTRA MENTE.
PARA EL QUE HA CONQUISTADO LA MENTE ELLA ES EL MEJOR DE LOS AMIGOS, PERO PARA EL QUE NO LO HA LOGRADO LA MENTE SEGUIRÁ SIENDO EL PEOR ENEMIGO.

BHAGAVAD GITA

¿Sabes qué me gusta de esta frase tan pero tan reveladora? Que siempre dije que mi mente era mi peor enemigo, porque desde chica no podía dominarla, no podía calmarla, no podía frenarla, muchas veces fuimos MUY buenas amigas, y muchas otras, enemigas letales, al punto de querer desconexión con todo lo que me susurraba y mostraba.

Hasta que un día entendí que YO tenía el PODER, que yo podía cambiar absolutamente TODO, que solo depende de mí, de mi fuerza de voluntad y de mi SER, que si la mente y yo vamos de la mano, el mundo de las posibilidades se abría ante mí. Eso no significa que no cueste, que a veces sea difícil o se me obstaculice y no viva una vida humana. Significa mucho más, significa saber que puedo ir y venir, que la matrix siempre va a estar ahí buscando desconectarnos y que nos olvidemos de quiénes somos y de nuestra fuerza interior. Pero NO, ahí salimos al rescate, a conectar, con nuestra conciencia, para hacer posible eso que creemos que es imposible.

Se viene para mí una nueva manera de hacer las cosas, se viene el coaching cuántico, ¿te anotas?

CAPÍTULO 11
DESARROLLO PERSONAL

NUESTRO SER COMO IMPULSO Y LA CONEXIÓN CON NUESTRA ALMA

Hace algunos años comencé con mi camino por el desarrollo personal. Me di cuenta de que alrededor del mundo existían mentores increíbles de los cuales podría aprender muchísimo, ya sea estando presente en sus seminarios (mejor manera de aprender, como dice Anthony Robbins, INMERSIÓN TOTAL) hasta hacerlo de manera virtual, talleres, libros, etc.

Cada vez somos más personas que vivimos la vida desde otro lugar, donde nos preguntamos muchas más cosas, donde nos llenamos de incertidumbre y cuestionamos que tiene que haber algo más, que la vida no es solo levantarnos cada día, trabajar, estudiar, tener una familia, amigos, crecer y morir. Sino que tiene que haber una razón, un propósito que nos impulse a mucho más. Si esto te pasó seguro me entiendes ya que en algún momento te sentiste desconcertado. Te cuento que cada vez son más personas las que viven estas situaciones y bucean en la profundidad de su SER para ver qué está pasando.

Si indagas y quieres recorrer ese camino de encuentro contigo de empezar a conocerte es lo que se denomina desarrollo personal. Es lo que yo hago, ya sea en talleres, seminarios o *coaching one to one*, y lo hago porque alguna vez estuve ahí y pude avanzar, crear una forma, un camino para salir adelante y me sentí siempre muy feliz. Es parte de mi propósito ayudar a otras personas a conectar con eso y salir de esos espacios.

Para mí es una herramienta muy poderosa y hay muchos mentores y *coaches* alrededor del mundo que pueden mostrarte y darte herramientas, cada uno con su energía y experiencia personal. Entonces, elige a una persona —que puede ser una o varias, te invito a que así sea—, elige diferentes energías, aprende diferentes formas de vivir y hacer las cosas, todos somos ÚNICOS, nadie es igual a nadie y cada uno aporta su cuota de MAGIA ya que no podemos copiarnos. La única manera de evolucionar y desarrollarte es siendo auténtico, es siendo tú, tus experiencias y todo lo que hiciste para superarlas.

A mí particularmente me gusta mucho enseñar y desarrollar habilidades, ese músculo con el que todo es posible, podemos crear todo lo que deseamos, que somos seres increíbles, espirituales, cocreando cada segundo, eligiendo de manera consciente o inconsciente cada paso que damos a través de nuestros pensamientos y emociones. Sé que no muchos hablan de la energía, del quantum, por eso yo quería meterme ahí, ayudar a otros, crear realidades, que lo veremos más adelante y es la razón por la cual lancé mi carrera de *coach* cuántico, ya que si yo lo pude hacer, y no solo para mí, también elegí hacerlo para ayudar a los demás. Tú también puedes lograrlo, así que seguro más adelante te voy a estar compartiendo un poco de información sobre estos temas.

Bien, ¿ahora quieres hacer un poco de desarrollo personal? Yo empecé también viendo esto que llamaban *coaching* coercitivo de la época de los 90.

Era un *coaching* en el cual te enseñaban a romper con tus programaciones y creencias de una manera muy poderosa, fuerte, y con la posibilidad de programarte para cumplir con tus metas o tener éxitos con lo que desees. Eso sí: siempre saliendo de tu zona de confort e incomodándote un montón.

Es una técnica que llegó a Argentina en esos años y muchas personas o *coaches* la llevaban adelante, venía de USA, se usaban herramientas que hasta hoy se aplican y, sobre todo, eran efectivas. Por supuesto esto fue creciendo. Hace años vienen muchas olas o movidas de cambios de maneras de pensar, actitudes, creadores, estudiosos e historiadores de estas tendencias o estilos de crecimiento personal, desde la filosofía del éxito de los años 20 con Napoleón Hill y varios escritores más, el positivismo, la metafísica y mucho más.

Hombres y mujeres a lo largo de la historia compartiendo sus experiencias y conocimientos desde la mente, la energía, el *coaching*, la PNL (programación neurolingüística), aspectos psicológicos y algo que hoy todos conocemos como desarrollo personal, antes también denominado autoayuda.

- *Louise Hay*: Autora de "Usted puede sanar su vida", es conocida por su trabajo en la conexión mente-cuerpo y la importancia de los pensamientos positivos en la curación y el bienestar.
- *Tony Robbins*: Reconocido como un *coach* de vida y motivador, ha escrito varios libros, incluyendo "Despierta tu gigante interior" donde comparte estrategias para el éxito personal y profesional a través del pensamiento positivo y el empoderamiento personal.
- *Eckhart Tolle*: Autor de "El poder del ahora" y "Un nuevo mundo, ahora", es conocido por su enfoque en la conciencia plena y la importancia de vivir en el momento presente para experimentar la paz y la felicidad.
- *Deepak Chopra*: Autor de numerosos libros sobre el bienestar holístico, la espiritualidad y la curación, Chopra explora la conexión entre la mente, el cuerpo y el espíritu, y ofrece estrategias para cultivar una vida más plena y significativa.

- *Wayne Dyer*: Autor de "Tus zonas erróneas" y "La fuerza de creer", es conocido por su enfoque en el poder de la mente y la importancia de los pensamientos positivos en la creación de la realidad deseada.
- *Brian Tracy*: Autor de libros sobre el éxito personal y profesional, comparte estrategias prácticas para establecer metas, desarrollar la confianza en uno mismo y alcanzar el éxito a través del pensamiento positivo y la acción efectiva.

Leí, hice sus seminarios, talleres y cursos, sumo a Laín García Calvo con su manera de expresarse y sus libros, y también, con mi enfoque más energético y con la mano de la física cuántica, al Dr. Joe Dispenza, alguien que me llena de preguntas, me lleva más allá, admiro y paso por el cuerpo cada una de sus enseñanzas y lista para disfrutar sus meditaciones, conocimientos y todo lo que nos trae. Luego yo lo comparto contigo aquí y en cada una de las charlas o talleres que doy, es un estilo de vida, para estar aquí presentes cocreando siempre con la energía.

¿Qué pasaría si hoy eligieras empezar a ver tus obras, salir de tu zona de confort, plantearte cosas nuevas, replantearte absolutamente TODO y elegir quién quieres ser los próximos años?

Si es así, te dejo mucha información para que lo puedas lograr. Yo estaré aquí acompañando tu desarrollo, siempre.

Y sabes que...

EJERCICIOS

Me gustaría que te reconozcas, te dieras unas palmaditas en la espalda y te agradezcas por haber llegado hasta acá, porque leíste, porque estás tomando y eligiendo cosas diferentes para tu vida, porque tu realidad va a cambiar, te doy mi palabra. Y no me creas a mí, solo experiméntalo tú y después me cuentas.

CAPÍTULO 12
TU PROPÓSITO

La definición de propósito es un punto de partida clave para cualquier logro. Siempre escucho a unos de mis mentores decir que absolutamente todo lo que hace lo hace en propósito, siempre persiguiendo sus metas y ese camino hacia el cual quiere ir.

Según las estadísticas realizadas en varias universidades el 98% de las personas no saben qué es lo quieren ni hacia dónde se dirigen y no pueden definir ese objetivo claro por el cual ir en sus vidas. Esto sí es una gran tragedia de la humanidad, pero espero que tú nunca te conformes con menos de lo que quieras en la vida. Y sé a qué me refiero. Esto se viene estudiando y demostrando hace más de 120 años.

Concebí este libro para que te puedas conectar con esas ideas que se encuentran en la más alta vibración, para que conectes con tu esencia y descubras ese valioso poder y tesoro que tienes escondido, ya que todos contamos con poderes espirituales innatos los que en vez de aceptar y reconocer el fracaso, te despertarán y llevarán a la determinación de reclamar todo aquello que te pertenece por derecho.

. Ya sabemos que las ideas son la base de las grandes fortunas y el punto de partida de todos los inventos que tenemos hoy en nuestro mundo. Podemos volar, usar la tecnología, el éter y mucho más.

Según Napoleón Hill en su libro "La filosofía del éxito", existen 7 grandes ideas.

La primera es el punto de partida de cualquier logro personal: la adopción de un objetivo principal y de un plan definido para su consecución. Claramente esto nos lleva a varias ventajas, pero en la que me gustaría que pongamos foco es en aquella ventaja personal para el logro de nuestros objetivos y tiene que ver con la definición del propósito, desarrollar autonomía, iniciativa personal, imaginación, entusiasmo, autodisciplina y concentración de esfuerzos.

Otra ventaja en la que creo que muchos hacemos agua y nos cuesta muchísimo es tomar decisiones de manera rápida y firme. Las personas de éxito toman decisiones rápidamente y tardan en cambiarlas, si es que lo llegan a hacer alguna vez. Las personas que suelen fracasar tardan mucho en tomar decisiones o las cambian todo el tiempo sin tener un rumbo claro.

"

DESARROLLA LA CAPACIDAD DE TOMAR DECISIONES DE MANERA RÁPIDA Y MANTENTE FIRME EN ELLAS.
MARÍA LAURA PÉREZ SAADE

El éxito no necesita explicaciones. Todo se inicia con un propósito, con una meta que nos lleve a avanzar e ir por nuestros deseos. Comparto con Napoleón Hill y con Bob Proctor cuando dicen que debemos tener dinero y mucho, para poder expresarnos libres en mente y cuerpo: de la bendición de poder elegir y ayudar a otros. Nadie puede ser libre si está encadenado a un trabajo rutinario, que no le hace feliz, donde no tiene sueños y piensa que no podrá nunca salir de esa trampa. No discuto que no haya muy buenos trabajos, con muy buenos sueldos, pero el precio que pagamos por eso es muy alto, o por lo menos, yo considero que si aprendemos a movernos, elegir, invertir, podemos ser libres de verdad y eso viene de la mano de un factor fundamental: el dinero.

Quién no sueña con ser su propio jefe y obtener la libertad financiera.

EJERCICIOS

1. Redacta un plan, definido, claro y conciso que pretendes alcanzar, tu principal propósito. Ponle un plazo que resulte factible y probable.
2. Describe exactamente qué vas a dar a cambio de obtener tu propósito. Dar algo por nada no existe. Todo tiene un precio o un valor, ¿estás dispuesto a pagarlo?
3. Elabora un plan flexible que posibilite el cambio. El propósito no cambia, pero el plan puede cambiar varias veces.
4. Ábrete a recibir, acepta los cambios y sé agradecido.
5. Evoca y repite tu plan y tu propósito todos los días, todas las veces que sea posible. Llévalo contigo adonde vayas. Ten en cuenta que de este modo vas a poder influir en el subconsciente para la consecución del propósito mientras duermes. Mantén tu mente enfocada en aquello que deseas. Conviértelo en un deseo ardiente.

Recuerda que todo lo que la mente puede imaginar y creer se puede conseguir. Visualiza todos los días, con tu plan y propósito definido.

Me visualizo vívidamente como la Persona que quiero ser y alcanzo mis objetivos con entusiasmo.

Qué lindo hablar de nuestro propósito, eso que nos mueve, nos conecta con el TODO, nos lleva a soñar y a ver que somos seres holográficos.

La primera vez que escuché la palabra fue cuando incursioné en mi mundo de desarrollo personal. Entendí que si no tenemos un propósito, un para qué, ¿cuál es el sentido de nuestros días?

El otro día hablaba con uno de mis mentores y me decía que había personas que se levantaban diciendo: "bueno, hoy un día menos", como restando de la cuenta que significa la vida. Otros quizás dicen: "bueno, gratitud, un día más en la vida". Se trata de una cuenta que es un misterio porque no sabemos cuánto tiempo (4° dimensión) estaremos aquí en la Tierra, pero sí sabemos que hay una razón y un motivo para estar, que vinimos a experimentar, a aprender, a soñar, a crear, a imaginar, a volar, a ser, a sentir, a conectar, a desapegarnos y a fluir, con la vida, con las experiencias y siempre aprender, desaprender muchas veces, de las experiencias vividas, entendiendo, comprendiendo cuál es la bendición oculta detrás del todo.

Quiero que puedas entender lo importante que es tu propósito. Hoy tenemos mucha bibliografía sobre este tema y cómo abordarlo, ya que se reúnen las características, paso a paso, lo que necesitamos para entender lo importante que es nuestro propósito. Yo te puedo asegurar que si empiezas a hacerte estas preguntas profundas sobre cuál es tu propósito, vas a encontrarte con muchas cosas, quizás vacíos, lagunas, mucho o nada, dudas. ¿Cuál es tu propósito? ¿Qué te mueve, por qué estas acá en la Tierra, qué te gustaría hacer todos los días que te llene el corazón y el alma, qué te hace feliz, qué te hace sonreír, qué te lleva a esos estadios de gratitud por tu vida, qué harías todo el tiempo sin importar cuánto pase, cuál es tu gran para qué?

Me gustaría conectar contigo y tu niña o niño interior para recordar juntos qué hacías cuando eras pequeña, pequeño, qué amabas hacer, a qué jugabas, a qué le dedicabas mil horas de tu precioso tiempo y amabas hacerlo.

Con qué te perdías en la mente con tu imaginación y fantasía, cuáles eran esas actividades, qué amabas jugar, cómo te expresabas, qué te conectaba.

Seguro ya vas viendo algunas ideas, imágenes, momentos, bueno... va por ahí ya que eso que hacíamos de pequeños era lo que nos conectaba. Ahí no existía el deber ser, solo jugábamos y estaba permitido soñar, volar, crear, jugar.

Bien, el propósito es la razón o el objetivo detrás de hacer algo. Es la intención o la meta que se tiene al realizar una acción o tomar una decisión. Es como el "por qué" se hace algo. El propósito es lo que nos impulsa y nos motiva a actuar de cierta manera para lograr un objetivo específico en la vida.

Encontrar tu propósito en la vida puede ser un proceso reflexivo y personal.

Ahora me gustaría dejarte algunos pasos para ayudarte a descubrir el tuyo de manera sencilla:

- Lo primero y muy importante es mirar un poco para adentro, generar autorreflexión. Tómate tiempo para reflexionar sobre tus valores, pasiones, intereses y habilidades. Pregúntate a ti mismo qué actividades te hacen sentir más realizado, qué te motiva y en qué áreas te gustaría marcar la diferencia. Mira tu infancia, observa, como si fuera una película.
- Luego explora, experimenta con diferentes actividades, proyectos o pasatiempos que te interesen. Esto te ayudará a descubrir lo que disfrutas haciendo y en qué eres bueno.
- Escucha a tu intuición, presta atención a tus instintos y a lo que tu corazón te dice. A menudo, nuestras inclinaciones más profundas pueden señalarnos hacia nuestro propósito.
- Siempre define tus metas y valores. Ya lo vimos anteriormente y lo importante que es identificarlas, escribirlas y bajarlas

a papel para saber hacia dónde vas. Identifica qué es importante para ti en la vida y qué quieres lograr a largo plazo. Esto puede ayudarte a darle dirección a tu búsqueda de propósito.

- Observa tus experiencias significativas y reflexiona sobre momentos en tu vida en los que te hayas sentido especialmente realizado, útil o feliz. Estos pueden ofrecer pistas sobre lo que te motiva y lo que podría ser tu propósito.
- Busca inspiración en diferentes lugares, lee libros, escucha charlas motivacionales, conversa con personas que admires y que estén alineadas con tus intereses. La inspiración puede venir de muchas fuentes diferentes.
- Sé paciente, respira, medita, explora. El hecho de descubrir tu propósito puede llevar tiempo y es un proceso continuo de autoexploración y crecimiento personal.

Recuerda que tu propósito puede cambiar a lo largo del tiempo a medida que evolucionas y creces. Lo más importante es que te sientas conectado y comprometido con lo que estás haciendo, y que te lleve a una vida más significativa y satisfactoria.

CAPÍTULO 13
HABLEMOS DE CREAR REALIDADES

La matriz o la película del año 99 que se llama MATRIX, la recuerdan... ¿Por qué es importante hablar de esto y qué paralelismo nos trae a nuestra vida?

Me obsesioné con algo que leí y vi hace muchos años, ese famoso documental: La ley de la atracción. No podía parar hasta entender de qué se trataba, cómo funcionaba, cómo la podría aplicar y todo lo que traía ese nuevo conocimiento a mi vida. ¿Nunca les pasó que obtuvieron lo que tanto deseaban y pedían y no entendieron cómo sucedió? ¿O que sentías o percibías que había algo más, que algo no te cerraba, que el mundo no podía terminar acá, que había algo más atrás de todo lo que forma parte de nuestra rutina, en este planeta, y cómo vivimos nuestras vidas como seres humanos?

Yo soy una fiel seguidora y amante del trabajo del Dr. Joe Dispenza. Él en sus libros expone de varias maneras cómo podemos crear realidades y yo uso muchas de las técnicas que él trae a nuestra conciencia. Hoy vamos a compartir algunas y explicar cómo podemos hacerlo nosotros también.

- *El poder de la mente*: Dispenza enseña que nuestra mente tiene un poder significativo para influir en nuestra realidad. Afirma que nuestros pensamientos y emociones pueden alterar nuestra biología y el entorno que nos rodea.

- *Visualización y meditación*: Promueve técnicas de visualización y meditación para reprogramar la mente y crear la realidad deseada. Cree que al visualizar y sentir intensamente una realidad deseada, podemos activar cambios tanto a nivel mental como físico.

- *El campo cuántico*: Dispenza hace referencia a conceptos de la física cuántica para explicar cómo nuestras expectativas y observaciones pueden influir en la realidad. Sugiere que nuestras percepciones y creencias crean campos de energía que pueden atraer experiencias coherentes con esas creencias.

- *Desapego emocional*: Aconseja practicar el desapego emocional con respecto a los resultados deseados. Argumenta que al soltar el apego a cómo deberían manifestarse nuestras intenciones, permitimos que el universo traiga soluciones de formas inesperadas.

- *Transformación personal*: Dispenza enfatiza sobre la importancia de la transformación personal a través del cambio de creencias y patrones de pensamiento. Sugiere que al cambiar nuestra percepción de nosotros mismos y del mundo, podemos crear una realidad más alineada con nuestros deseos más profundos.

Joe Dispenza utiliza conceptos de física cuántica para explicar cómo nuestras mentes y emociones pueden influir en la realidad que experimentamos. Aquí hay un resumen simplificado de cómo Dispenza aborda la física cuántica:

- *Observador y lo observado*: En física cuántica se postula que la realidad puede ser influenciada por el observador. Dispenza sugiere que nuestras percepciones y creencias pueden afectar la forma en que experimentamos el mundo.

- *La dualidad onda-partícula*: En el nivel subatómico las partículas pueden comportarse tanto como ondas y como partículas. Dispenza utiliza este concepto para argumentar que nuestras intenciones y expectativas pueden influir en la forma en que se manifiestan las experiencias en el mundo físico.

• *El potencial cuántico*: La física cuántica sugiere que las partículas pueden existir en múltiples estados al mismo tiempo, hasta que se las observa o se interactúa con ellas. Dispenza postula que nuestras posibilidades y potenciales son infinitos hasta que los observamos o los experimentamos.

• *Campos de energía*: Dispenza habla sobre cómo nuestras creencias y emociones pueden crear campos de energía alrededor de nosotros, que a su vez pueden atraer experiencias coherentes con esas creencias.

En esencia, Dispenza utiliza estos principios de la física cuántica para argumentar que nuestras mentes y emociones son poderosas fuerzas creativas que pueden moldear nuestra realidad. Al cambiar nuestras creencias, pensamientos y emociones, podemos influir en la forma en que experimentamos el mundo y crear una vida más plena y satisfactoria.

DE QUÉ HABLAMOS EN LA 4ª. DIMENSIÓN

Para Joe Dispenza, la cuarta dimensión no se refiere al tiempo como en la física convencional, sino que la conceptualiza en términos de conciencia y experiencia. Dispenza utiliza el término "cuarta dimensión" para describir un estado de conciencia expandida en el cual las personas son capaces de trascender las limitaciones del tiempo y del espacio percibidas en la realidad tridimensional.

Desde esta perspectiva, la cuarta dimensión representa un estado mental y espiritual en el cual se experimenta una mayor conexión con el universo, una mayor conciencia de uno mismo y de los demás, así como una comprensión más profunda de la interconexión de todas las cosas.

En resumen, para Joe Dispenza la cuarta dimensión se refiere a un estado de conciencia elevada que trasciende las limitaciones del tiempo y del espacio, permitiendo una experiencia más amplia y profunda de la realidad.

Y DE QUÉ HABLAMOS EN LA 5ª. DIMENSIÓN

Joe Dispenza no suele hablar específicamente de la quinta dimensión en el contexto de la física o la cosmología, como lo hace en el caso de la cuarta dimensión. En cambio, su enfoque se centra en la exploración de estados de conciencia expandida y potencialidades humanas. Sin embargo, algunas personas han interpretado sus enseñanzas en relación con la idea de una "quinta dimensión" en un sentido más metafórico o espiritual.

En este sentido, la quinta dimensión podría entenderse como un estado aún más elevado de conciencia, más allá de la experiencia tridimensional y cuatridimensional. Podría representar un estado de conciencia en el que la percepción del tiempo y el espacio es completamente diferente, y donde se experimenta una conexión aún más profunda con el universo y la totalidad de la existencia.

Es importante destacar que esta interpretación es más especulativa y subjetiva, ya que Joe Dispenza no ha definido explícitamente la "quinta dimensión" en sus enseñanzas de la misma manera que lo ha hecho con la cuarta dimensión.

POR ÚLTIMO LA 3D

Para Joe Dispenza, la tercera dimensión, o 3D, se refiere a la realidad física tridimensional en la que vivimos y experimentamos a través de nuestros sentidos. En este plano, percibimos el mundo a través del tiempo y el espacio, y estamos sujetos a las leyes físicas conocidas.

En su trabajo, este autor a menudo habla sobre cómo la conciencia humana está influenciada por la realidad tridimensional en la que vivimos. Afirma que muchas de nuestras percepciones y creencias están condicionadas por nuestras experiencias en este plano físico, y que tendemos a limitar nuestra comprensión de la realidad a lo que podemos ver, tocar y medir.

Sin embargo, Dispenza también enseña que es posible trascender los límites de la tercera dimensión a través de la práctica de la meditación, la visualización y el cambio de creencias. Al hacerlo, sugiere que podemos acceder a estados de conciencia más elevados y experimentar una realidad más amplia y expansiva que va más allá de lo que percibimos en la realidad tridimensional.

"

INTENCIÓN CLARA, EMOCIÓN ELEVADA.
DR. JOE DISPENZA

Me gustaría hablar un poco del método del Dr. Joe Dispenza ya que su método se basa en principios de neurociencia, meditación, visualización y cambio de creencias.

Te comparto un pequeño resumen simplificado de su enfoque que a mí me ayuda todos los días a crear realidades y a concentrarme en todo lo que quiero crear para mi vida.

- *Cambio de creencias*: Dispenza enseña que nuestras creencias y pensamientos tienen un impacto significativo en nuestra realidad. Propone identificar y cambiar las creencias limitantes que nos impiden alcanzar nuestros objetivos y crear la vida que deseamos. Lo que me motivó a escribir este libro es estudiar, entender y cambiar para siempre mis creencias limitantes, es algo que me mueve hace años y siempre busqué las diferentes maneras, con herramientas de distintas personas para poder encontrar la forma. Lo sigo haciendo todos los días, primero poniendo en evidencia cuáles son esas creencias que subyacen absolutamente en toda mi vida y la sustentan desde los cimientos. También te puedo decir —después de haberme entrenado con Anthony Robbins, Joe Dispenza, Método Silva y muchos más— es que me doy cuenta de que tenemos la posibilidad de cambiar todo, solo es un camino que tenemos que estar dispuestos de recorrer.

- *Visualización creativa*: Fomenta el uso de la visualización creativa para imaginar y sentir intensamente la realidad deseada. Sugiere que al visualizar con detalle y emoción cómo sería esa realidad, podemos enviar señales al cerebro y al campo cuántico para comenzar a materializarla. Siempre la recuerdo con Bob Proctor o Napoleón Hills, nuestras habilidades superiores, *mindset* y la ley de la atracción para conectar con esta grandiosa herramienta.

- *Meditación*: Dispenza promueve prácticas de meditación que ayudan a calmar la mente, acceder a estados de conciencia expandida y conectar con el campo cuántico. Estas prácticas pueden incluir meditaciones guiadas, meditación en el corazón y meditación de la mente-cuerpo. QUÉ SERÍA DE MI SIN ESTA GRANDIOSA HERRAMIENTA, DESPUÉS DE AÑOS ENTENDÍ QUE ES UN ESTILO DE VIDA Y ES PARTE DE MI VIDA, TODOS LOS DÍAS.

- *Generación de emociones*: Destaca la importancia de generar emociones positivas y de alta vibración, como la gratitud, el amor y la alegría, mientras se visualiza la realidad deseada. Argumenta que estas emociones pueden fortalecer la conexión con el campo cuántico y acelerar el proceso de manifestación. Siempre en mis sesiones de *coaching* hablo de mi **secreto** para crear todo lo que deseo crear en la 3D y tiene que ver con dos cosas y, por supuesto, una de ellas es **sentirme bien**.

• *Desapego*: Recomienda practicar el desapego emocional con respecto a los resultados deseados. Esto implica confiar en el proceso y soltar la necesidad de controlar cómo se materializa la realidad, permitiendo que el universo traiga soluciones de formas inesperadas. Uffffffffffff… algo que cuesta y mucho, estamos especulando todo, esperando el resultado, elevando expectativas sobre lo que sucederá y si no lo vemos muchas veces NO lo creemos.

El desapego es algo para trabajar en profundidad, es hacernos responsables del resultado, pero confiando en que hay algo más grandioso que nos acompaña como cocreadores que somos de nuestros destinos.

En resumen, al combinar estos principios y técnicas, Dispenza enseña que podemos influir en nuestra realidad y crear una vida más plena y satisfactoria.

TERCERA PARTE

CAPÍTULO 14
DINERO

Siempre quise expresar todo lo que nos sucede a lo largo de la historia con el dinero. ¿Por qué es importante? Porque es el medio de pago por el cual nos manejamos en este mundo, porque es una energía más, una herramienta que nos ayuda a ser libres, sí, libres financieramente hablando para no tener que depender ni ser esclavos del sistema. Creo que esto hoy en día es algo muy muy importante: sentirnos libres, soltar un poco todos los juicios que tenemos del dinero, lo que creemos que es, o para qué sirve, las creencias limitantes que nos saltan como locas diciéndonos un montón de cosas, la mayoría, negativas porque como seres duales y polarizados, siempre estamos dándole una connotación positiva o negativa a las cosas. A mí me sorprende muchísimo el hecho de que haya más palabras para expresar las emociones negativas que las positivas.

Volviendo al hilo del relato, lo que quiero es que podamos juntas/os, ver qué nos sucede cuando hablamos de dinero, ante lo cual, la primera pregunta que te voy a hacer es la siguiente: ¿qué escuchaste, viste, sentiste, aprendiste, en tu casa, entorno, familia, amigos, colegio, sobre el dinero?

Esta es una pregunta muy grande e interesante para que te la puedas plantear desde un lugar de NO juzgar, donde solo quiero que seas consciente de lo que se te viene a la mente, lo que recuerdas, lo que tomaste como propio, que de alguna manera fue inculcado, por tu entorno, tu país, tu cultura. ¿Qué me respondes, qué te viene a la mente?

Me gustaría mucho que tomes lápiz y papel y puedas bajar todo lo que te acuerdas, lo que sientes, cómo vivencias ese recuerdo, qué te decían, cómo observas todo esto.

Siempre fui de observar a mi familia y ver su relación con el dinero. Vengo de una familia que huyó de su país en la Primera Guerra Mundial. Mi bisabuela era una mujer muy osada: con su marido —y si mal no recuerdo la historia— seis hijos se lanzaron a cruzar el Atlántico para empezar una nueva vida, sin guerras y con posibilidades para soñar. Se trajeron con ellos todo lo que era posible traer, sobre todo, lo de valor, para volver a empezar y así fue. Luego vinieron generaciones de prosperidad y abundancia pero en un momento todo empezó a cambiar. Algunos hicieron su camino en otros países limítrofes y la mayoría quedó en Argentina, en el norte, en Corrientes, de donde soy oriunda, donde mi bisabuela tenía un castillo (pequeño). Sí, leíste bien, en esa época, en esos años, eran dueños de un hermoso castillo que hoy —creo— es una clínica, o algo así, y donde casi la mayoría de las cosas se perdieron, se transformaron y mutaron. Siempre me pregunto qué pasó, cómo lograron de alguna manera ir tomando decisiones para que al día de hoy sea todo tan diferente: cada uno tiene que salir adelante por sus medios, sin ningún tipo de ayuda, al estilo impulso familiar, por las malas decisiones sobre el dinero.

Siempre me contaban esta historia: Mi abuelo, había decidido invertir en unas grandes tierras lejanas, que con el tiempo y el crecimiento de la población se volvieron muy cercanas y por no tener un pensamiento de expansión o abierto a las posibilidades la familia decidió no comprar las tierras. Pienso por qué no compre bitcoins cuando en el 2014 —recién ahí logré encontrarme con esa moneda— estaba 4500 dólares si mal no recuerdo.

Siempre nos queda eso: qué hubiese pasado si, las dudas y demás, y aunque muchas veces nos conducen a callejones sin salida, está bueno hacer las preguntas correctas, sin respuestas, no sería lo importante para lograr ver o sentir las cosas desde otro lugar, La historia es más larga pero, ¿por qué les traigo a colación todo esto? Es solamente por el hecho de que me generaba mucha curiosidad saber cómo manejaron el dinero mis abuelos, mis padres, ya que veía que el patrón se repetía una y otra vez: esto de invertir mal, ser malos administradores, no tener educación financiera, no saber de negocios, no leer, ni prepararse para ser el mejor, y hasta en diferentes oportunidades donde mis propios padres y abuelos contaron con negocios muy muy prósperos, pero todo se dilapidó, se perdió, quedaron deudas y, en ocasiones, fueron estafados por otras personas que se quedaron con su dinero y su negocio. La gran pregunta que me hago y me hice desde el principio es PARA QUÉ si el hecho ya ocurrió. Fueron acontecimientos que plasmaron parte de nuestras vidas, escuché las historias y fueron transmitidas. Y ahora entiendo un poco más por qué yo tenía ese gran interés en ser contadora, manejar dinero, entender cómo funciona, cómo se hacen negocios, de qué manera podemos ser libres. Ahí está el gran tema: que considero que yo vine a trabajar no solo conmigo, sino también con todas las personas que vienen a trabajar conmigo día a día, en sesiones de *coaching* no solo personales sino también ejecutivo.

Así nació mi pasión por los números y aprender más cómo funciona todo: el dinero, los negocios, ser emprendedora. Como siempre cuento, al día de hoy tengo más de diez emprendimientos en mi haber, es decir, diez intentos de ser empresaria, de los cuales algunos fueron totalmente exitosos y hasta hoy estoy generando dinero y ganando ingresos pasivos. En tanto que otros me sirvieron para darme cuenta de que faltaba aprender, que no entendía cómo se deberían hacer las cosas, el orden, la organización y mucho más, no les voy a mentir. Cuando me sentía más una neófita de todo el mundo espiritual y sus herramientas, las leyes que existen y con las cuales se maneja el Universo, pensé que era falta de capacidad, de identidad, de ideas, de dinero, de clientes, de proveedores, o muchas otras excusas. Me frustraron, me dejaron con el negocio cerrado y no me llevaron a ningún lado. Hoy puedo ver que todo fue perfecto, que me llevé un montón de aprendizaje totalmente necesario y las herramientas de empuje, ser perseverante, aceptar y soltar para encarar mis próximos negocios. También entendí que todo siempre tiene una bendición oculta, que aunque a veces nos cueste entenderlo o nos genere emociones de dolor, enojo o tristeza, siempre hay algún aprendizaje para llevarnos y que nos hace más sabios.

Una vez leí en mis cursos de *Access Consciousness*, que nosotros ya sabemos absolutamente todo, nada más que lo tenemos olvidado o vedado en algún sitio, que lo que tenemos que hacer es preguntarnos cómo resolverlo, lograrlo, generarlo y obtener ese resultado que buscamos y solo se va a presentar frente a nosotros, y aunque en este apartado estemos hablando de dinero, creo que esto nos sucede frente a todos los aspectos de nuestras vidas.

HABLEMOS DE LA ENERGÍA DEL DINERO

¿Qué sientes con respecto al dinero, qué energía crees que predomina en él? Responde y tendrás la respuesta de cómo te relacionas con él. ¿Te da gozo o te genera culpa, o tristeza, o rechazo? Tenemos que poder de alguna manera a sacar a la luz todo esto, cada capa de cebolla para entender por qué, a veces, no llega a nuestras vidas o escasea. La mayoría de las personas lo ven desde la carencia. Estamos todo el tiempo en esa famosa rueda del hámster muy bien explicada por Roberto Kiyosaki, que fue uno de mis más grandes mentores con respecto a la educación Financiera. Por el dinero trabajamos, cobramos un dinero, pagamos las cuentas y salimos al otro día otra vez a trabajar por más dinero y pagar deudas etc. En algunas ocasiones ahorras algo para tu retiro, en la mayoría no: esperas siempre que el Estado te dé algún tipo de retiro o jubilación y siempre estás en ese sitio de carencia, esperando que te den lo que crees que deberías tener, lo que crees que te mereces, exigiendo al Estado, país, tu empleador, o a ti mismo, si eres autoempleado, cuando en realidad cambiar todo esto. Depende 100% de ti, de lo que seas capaz de generar, desde qué lugar, cómo puedes crear la vida que quieres o sueñas, con las condiciones de hoy, o cómo podemos generar otras condiciones.

¿Qué deseas para tu vida y tu relación con el dinero? ¿Qué estás haciendo hoy para llegar a ese lugar que te gustaría llegar?

Hace unos años me pasó algo que ciertamente recién logro entender y observarlo sin juicios. Me sentía abrumada, venía de la calle, de trabajar en la oficina y sentí una desolación terrible: no puedo seguir haciendo esto mucho tiempo más en mi vida, sino siento que la pierdo, me duermo, me muero (fueron mis palabras). Si esa rutina continuaba en mi vida, repitiéndose, sentía que me iba a llevar a lugares muy oscuros y con depresión, entonces hablé conmigo misma, y de alguna manera interna, tomé una decisión: NO VOY A PROCRASTINAR MÁS y voy a ir por lo que realmente me haga feliz, me conecte con mi sueño, con mi ser, con mi propósito. Ahí llego el *coaching* a mi vida, como un hermoso salvavidas, cuando logré encontrarme con esas herramientas que me hacían falta y yo creía que me darían un trampolín hacia lo que estaba buscando. Como les conté en mi historia, hice de todo un poco pero siempre busqué crecer, aprender y llevarme algún aprendizaje para las nuevas metas.

¿Cuántas veces te pasó en la vida de perder todo lo que tenías y volver a crearlo? A mí me pasó en dos ocasiones y creo que aprendí un poco de qué se trata. Más allá de lo que tengas, sea mucho o sea poco, lo que entendí es que todo lo creamos de acuerdo con nuestro nivel de conciencia y así como muchas veces elegimos y creamos mucha abundancia, también en esta dualidad podemos elegir carencia y escasez, ¿te pasó?

Entendí que si pude hacerlo una vez, no fue un golpe de suerte, sino que yo lo provoqué y así las dos veces que perdí todo. Salí al ruedo a crear de nuevo porque mi mente creó conmigo y juntas podemos volver a conquistar el mundo, solo es cuestión de enfoque.

En mi libro de finanzas minimalistas quiero ahondar mucho más en el tema del dinero. Voy a contarte cada uno de los procesos que atravesé y cómo pude reponerme, salir adelante, acomodarme y lo sigo haciendo. Sigo eligiendo cada día, con planificación, orden y energía alta, encontrándome cara a cara con todas las posibilidades del Universo y el campo cuántico para crear más y multiplicar absolutamente todas mis finanzas, cada día.

Y de nuevo: si yo pude hacerlo, no tuvo mucho que ver mi *expertisse* en contabilidad —obviamente todo ayuda, todo suma— pero entender que el dinero es energía y que funciona de una manera que nunca nadie nos enseñó, excepto que seas parte del 2% que sabe cómo funciona esta energía, significa que podemos crear un imperio de la nada, pero la pregunta es: ¿qué es lo que realmente quieres y deseas para tu vida financiera?

MÉTODO
ABUNDANTEMENTE

CAPÍTULO 15
MI MÉTODO

Seguro te preguntarás por qué "abundantemente", y te lo voy a contar.

Hace algunos años, en pandemia nació en mí la idea de crear algo. Luego de ser mamá y tener a mi hijo Vitto, nació otro bebe. "Abundantemente" era una empresa de *coaching* holístico para personas y empresas conscientes. En ese momento registré la marca y me lancé a crear todo lo que deseaba para llevarla adelante. Así fue como conecté muchísimo con Pau Herrera, hoy una amiga, colega y hermana de la vida, nos pusimos la empresa al hombro y salimos a buscar clientes. Cuando empezamos a funcionar, detectamos muchas herramientas que fuimos utilizando y, a su vez, veíamos los enormes cambios que realizábamos a nivel colectivo en empresas y también de manera individual, cada una en su trabajo personal con el *coaching* y muchas herramientas más.

Creamos una metodología para aplicar luego en cada caso, así podíamos avanzar y liberarnos de todos esos lugares donde no podíamos avanzar. Nos sentimos muy bien, dábamos talleres, cursos, acompañábamos a muchas personas y crecíamos cada vez más con ellas, nos capacitábamos mucho y compartíamos el espacio con grandes *coaches* y mentores que nos ayudaban a agilizarnos y ser cada día mejores *coaches* o entrenadoras para los demás.

¿Para qué y por qué una metodología? Porque es un procedimiento o conjunto de reglas que se aplican para lograr un objetivo que es estudiar; es enseñar a comprender el material para asimilar y repasar un tema en específico.

¿Por qué una manera de hacer las cosas, por qué un camino para recorrer? En este sentido, te invito a encontrar la forma en la que más cómoda te sientas, tú, para poder avanzar. Yo, en mi caso en particular, necesito un procedimiento, una regla, una técnica, pero lo que es bueno para mí quizás no es bueno para ti. Pero de algo estoy segura: no importa cómo lo hagas o de qué manera lo lleves a cabo, ni cuál va primero o cuál va después, lo importante es que a tu manera y como lo sientas, y a tu ritmo y tu orden, lo puedas llevar a cabo. Que acciones y salgas de ese lugar donde estuviste siempre, donde crees que nada nuevo puede suceder y donde no estás más a gusto. En ese lineamiento, lo que hice fue crear un procedimiento para que siempre pueda volver, sin importar adónde me encuentre o cuántos casilleros haya avanzado. Ahora te invito a que tú puedas recorrer esos casilleros y avances ya que con este método ayudamos a muchas personas a lograr lo que deseaban, no porque dependa de estos pasos o de mí, sino que la magia sucede cuando tú te enfocas en lograrlo y sigues cada una de estas acciones para generar el cambio.

Espero que lo disfrutes y, sobre todas las cosas, lo hagas siempre a conciencia y agradeciendo todo lo aprendido en el camino, porque cuando estamos abiertos a recibir y a aprender cosas nuevas, todo es posible.

Siempre leí muchos libros, escuché a muchas personas, vi muchos cursos, analicé varias herramientas y me di cuenta de que a pesar de que cada uno lo hacía a su manera —como hoy aquí presento la mía— lo que pude lograr en estos años fue ver cuáles me dieron resultados positivos. Igual creo que todas a su manera y con acción masiva, siempre van a dar un resultado solo que a veces nos pasa que nos conectamos muchísimo más con algunas y menos con otras. Yo te voy a ir contando qué creo que no debería faltar, qué deberíamos implementar y saber dónde estás para hacer ese trayecto o planear hacia dónde quisieras ir. Es muy importante que veas estas diferencias porque así podrás conectar contigo, considerar qué es importante y qué resuena en tu SER.

Una vez leí algo muy interesante que contaba que en el siglo XV tú tenías la posibilidad de leer en 4 años todos los libros disponibles para la época y así tendrías todo el conocimiento existente en ese momento del mundo. HOY SERÍA IMPOSIBLE. Es nuestra vida humana, ya que hay millones de libros y autores que nos comparten mucha información —en muchísimos casos muy interesantes— que podemos leer, aprender, entender. Yo lo hice y voy a ir comentándote cada uno de esos autores y porque creo que es importante para generar un cambio en tu vida y para que aproveches todo lo aprendido, para crecer, tomar lo conocido, lo desconocido, poner metas y objetivos e ir por ellos.

Nos dijeron en nuestros entornos, escuela, país, etc., que para ser exitosos hay que tener ciertas cualidades. Nos enfrentamos a muchos miedos, nos paralizamos, no queremos avanzar, nos enfermamos, nos creamos un cuento y lo creemos, el yo no puedo, no debo, no voy a llegar, no puedo lograr eso, no me lo merezco. Yo te invito en este camino de autodescubrimiento a que des un paso al costado y analices cada una de las cosas que te estuviste diciendo todos estos años, no me importa cuántos años tengas, cuándo hayas nacido, ni dónde, esa no es la cuestión. La cuestión es que todos tenemos las posibilidades de conectar con lo más infinito de nuestro ser y ser quienes anhelamos ser y lograr todo el éxito que creemos que vinimos a lograr al planeta.

A ti, ¿qué te mueve, con qué conectas, qué metas buscas, qué haces para lograrlas, las tienes dormidas o están ahí presentes y haces todo lo humanamente posible alcanzarlas?

A veces siento y te digo como una analogía, que muchas personas se encuentran en la comodidad y en la queja, viven una vida de negatividad y no hacen nada para cambiar ese estado y si lo hacen —porque un día dijeron basta—vuelven a ese mismo lugar por bienestar, *status quo* o porque tienen miedo a lo desconocido.

Como seres humanos no nos gusta vivir en la incertidumbre y la única manera de confiar y crear esa vida de sueños o metas que tanto queremos es viviendo en la incertidumbre, aceptándola, siendo parte de ella, esperando lo mejor, confiando, sabiendo que detrás de todo esto el plan es perfecto y puedes lograr todo lo que quieras y aspires conquistar.

> QUIEN MIRA HACIA AFUERA, DUERME Y QUIEN MIRA HACIA ADENTRO, DESPIERTA.
>
> CARL JUNG

El Método Abundantemente es un enfoque holístico para manifestar abundancia y prosperidad en todas las áreas de la vida, incluyendo las finanzas, las relaciones, la salud y el bienestar. Este método se basa en la idea de que podemos crear nuestra realidad a través de nuestros pensamientos, emociones y acciones, y que podemos cultivar una mentalidad de abundancia para atraer más cosas positivas a nuestra vida.

El Método Abundantemente incorpora una variedad de herramientas y técnicas, incluyendo la visualización creativa, la afirmación positiva, la gratitud, la meditación, la ley de atracción y la acción consciente. Al combinar estas prácticas, se busca cambiar la percepción y la energía que rodea a las personas, lo que les permite atraer más abundancia y prosperidad en todas las áreas de sus vidas.

Algunos de los principios clave del Método Abundantemente incluyen:

1. *Cultivar una mentalidad de abundancia*: En lugar de enfocarse en la escasez y la falta, el Método Abundantemente promueve una mentalidad de abundancia y gratitud por lo que se tiene en la vida. Se alienta a las personas a centrarse en lo positivo y a visualizar sus metas y sueños como si ya se hubieran cumplido.

2. *Usar la ley de atracción a su favor*: Según la ley de atracción, atraemos a nuestras vidas aquello en lo que nos enfocamos y en lo que creemos. Por lo tanto, el Método Abundantemente enseña a las personas a enfocarse en lo que desean en lugar de en lo que temen, y a utilizar afirmaciones positivas y visualizaciones creativas para manifestar sus deseos.

3. *Practicar la gratitud diaria*: La gratitud es una parte fundamental del Método Abundantemente. Al expresar gratitud por las bendiciones y oportunidades en la vida, se abre la puerta para recibir más cosas positivas. Se alienta a las personas a llevar un diario de gratitud y a dedicar tiempo cada día a reflexionar sobre las cosas por las que están agradecidas.

4. *Tomar acción consciente*: Si bien la visualización y la afirmación son importantes, el Método Abundantemente también enfatiza la importancia de tomar acción consciente hacia tus metas y sueños. Esto puede incluir establecer objetivos claros, crear un plan de acción y tomar pasos concretos hacia adelante cada día.

En resumen, el Método Abundantemente es un enfoque integral para crear una vida de abundancia y prosperidad en todas las áreas. Al combinar técnicas de visualización, afirmación, gratitud y acción consciente, las personas pueden cambiar su percepción y energía hacia la vida, lo que les permite atraer más cosas positivas y alcanzar sus metas y sueños.

LIBRO DE TRABAJO ENFOCADO

EJERCICIOS

Manos a la obra, nos arremangamos juntos.

Aquí podemos ver cada uno de los pasos a desarrollar desde ahora en adelante para poder cambiar tu vida, tu presente, tu energía, tu entorno y empezar a sentirte libre, y conectado contigo, con tu ser.

Estas herramientas son todas las que fuimos desarrollando en los programas de Abundantemente a lo largo de muchos meses, con muchos clientes, emprendedores en su mayoría, empresarios y trabajadores que tenían muchas ganas de cambiar su paradigma.

¿Qué es un paradigma? Es nuestra realidad más cercana, que nos envuelve y forma parte de nuestra vida.

HERRAMIENTA NÚMERO #1

Energía

Todo es energía, lo dijo el premio Nobel Albert Einstein. Esto nos deja ya una primera puerta de entrada a nuestras vidas con algunas cosas descubiertas. Si logramos tener esa energía correcta para hacer, crear, lograr y generar lo que estamos buscando para nosotros, no hay chances, NO HAY POSIBILIDADES de que no puedas lograrlo.

Porque todo es energía, todo lo que te rodea es energía y nos atraemos y nos conectamos con los demás a través de la energía. Somos ondas de radio, atrayendo todo el tiempo cosas a nuestras vidas y te pregunto: ¿cómo te sientes en el día de hoy, qué sentimientos y emociones tienes habitualmente? Y ya no necesito que me cuentes tu vida, ya la puedo predecir debido a que atraemos aquello que pensamos, que sentimos, que creímos como nuestro a través de los años, siglos, costumbres, sociedades, familias, educación, y así que te vuelvo a preguntar, ¿cómo es tu vida? ¿Tienes todo lo que siempre quisiste o sientes que falta algo, mucho o poco, pero quieres más? Bueno, estás en el lugar adecuado. Yo te voy a mostrar a través de mi método cómo puedes dar vuelta tu vida, creer para luego crear esa vida que tanto añoras, porque no pasa porque me creas o te convenza de algo: pasa simplemente por el hecho de que TODO es energía y ahí comienza nuestra aventura.

Porque al darnos cuenta sobre la materia de la que nuestro universo está hecho, tenemos las pautas para aprender, desaprender, crear, inventar y hacer lo necesario para lograr todos los cometidos que tengamos en nuestro haber, solo es cuestión de saber qué quieres lograr, cuáles son esas metas que te gustaría cumplir, o esos objetivos que estás buscando complacer hace siglos (lo sientes así). Los lugares que deseas conocer, personas con las que conectar, encontrar al amor o ser quien siempre soñaste o te gustaría ser. Todo es posible, todo es real, todo está al alcance de nuestras manos porque somos energía, atraemos energía, como ondas de radio a través de nuestros pensamientos y sentimientos que se desatan por nuestras creencias o programaciones, cada día, cada minuto, cada segundo. Desde que nacemos estamos absorbiendo como esponjas cómo funciona el mundo, cómo deberíamos funcionar para encajar o cómo nos cuentan que deberían ser las cosas. Claro que te pudo pasar, me pasó muchas veces, sentir que no encajaba, que no formaba parte, ser otra persona para obtener aceptación o aceptar cosas que NUNCA aceptaría para ser admitida como una más, ser reconocida. No sé si es o no tu caso pero sucede, nos sucede, nos pasa. Cada uno desde su lugar, con sus aprendizajes, vivencias y creencias está creando su vida, estamos todo el tiempo creando nuestro futuro porque el futuro no existe, lo creamos cada minuto con nuestros pensamientos, emociones, creencias. Yo estoy convencida de que según lo que aprendimos y absorbimos a lo largo de años con respecto a cómo deben ser las cosas, eso que nunca jamás cuestionamos es lo que nos trajo adonde estamos ahora. Ahora de nuevo la pregunta es, ¿eres feliz, estás donde querías estar, te gusta lo que ves? Si no es así, si no está del todo de acuerdo con cómo te gustaría que fueran las cosas, vamos a crear eso que realmente te expande, te hace feliz, te conecta, te energiza y te aviva la llama del corazón.

Si todo es energía, podemos trabajar desde la energía, enfocar energía, cambiar la energía y atraer a nuestras vidas todo lo que deseamos, ¿suena muy fácil, no? Pero no lo es, imagínate poder controlar lo que sientes, piensas y crees, todo el tiempo, cada segundo, hasta de manera inconsciente.

PRACTICA IMPACTAR EN EL CAMPO CUÁNTICO
MEDITACIÓN DE LA LETRA Y LA ENERGÍA
TE INVITO A MI CANAL DE YOU TUBE
@LAUPEREZSAADE

HERRAMIENTA NÚMERO #2

La lista

Me gustaría que te tomes unos minutos y puedas conectar con esto, solo unos minutos: ¿qué es eso que te bloquea? Si lo puedes escribir mucho mejor, así lo bajas y lo puedes leer. ¿Qué crees que es imposible, en qué no podrías tener éxito, qué morirías de ganas de tener y crees que no podrías obtener jamás? Te dejo en esta reflexión para que luego me cuentes y podamos seguir.

Para empezar y tener éxito tenemos que conectar con nosotros y con lo que somos, ante lo cual te pregunto, ¿cuál es tu misión, qué es la misión, qué es el propósito de vida, cómo sé lo que quiero lograr o tengo que hacer, cómo saber qué metas tengo en mi vida para sentirme pleno y feliz y hacer un guiño de felicidad y decir, SIIIIIIIIIIII, va por acá el tema?

¿Listos para hacer realidad tus sueños?

¡Es hora de soñar en grande y manifestar tus deseos! ¿Qué te parece si nos tomamos un momento para reflexionar sobre lo que realmente queremos en la vida y ponemos nuestros deseos en papel?

Toma un instante para imaginar tu vida ideal. ¿Qué te gustaría lograr? ¿Qué experiencias te encantaría vivir? ¿Qué cambios te gustaría ver en ti mismo o en el mundo que te rodea?

Escribir tus deseos es el primer paso para hacerlos realidad. ¡Cuando los plasmamos en papel, les damos vida y poder! Así que toma una libreta, una hoja de papel o tu teléfono y haz tu lista de deseos. ¡Sin límites ni restricciones, deja volar tu imaginación!

HERRAMIENTA NÚMERO #3

Misión

¿Cuál crees que es tu misión, qué crees que viniste a lograr en este plano, en la Tierra?

Alguna vez te planteaste cuál es tu misión en esta vida, qué tareas viniste a realizar, dónde te gustaría invertir tu tiempo, qué te llena el alma, te hace más feliz... Todo esto forma parte de un hermoso hábito —preguntarte qué te gusta, qué amas, qué disfrutas— ya que así podrás llegar al meollo de la situación, o sea, adónde queremos todos llegar: PARA QUÉ SOY BUENO/A. Y esto no tiene nada que ver con algo trascendental, ni a hacer algo fuera de contexto, sino que más bien, tiene que estar conectado con esa actividad –que seguro hacemos o no– pero nos llena de regocijo el corazón y a lo cual nos gustaría dedicarnos cada día de nuestras vidas para sentirnos plenos. ¿Qué sería eso, con qué energía vibras?

Y para darte una ayuda te hago una gran pregunta, ya que muchos me dirán "no tengo idea de qué es lo que vine a hacer, o a qué dedicarme". Estaría bueno que en este momento cierres los ojos y te conectes con esa infancia, de golpe, tu niño o niña aparece enfrente de ti, eres tú, con 7 y 8 años, y ahí cuéntame, ¿qué decías que ibas a hacer, qué disfrutabas, a qué jugabas, qué te gustaba? Cuando respondas esas preguntas, podrás ver bien claro hacia donde ibas, y aunque jugabas con las muñecas o autitos, qué amabas hacer, cuál era esa profesión o actividad, y si no existe, ¿la puedes crear? ¿Te haría feliz? ¿Cómo lo podrías llevar a cabo? Y, sobre todas las cosas y muy importante, como seres humanos, ¿cómo podemos desde este lugar contribuir al mayor bien, a la comunidad, a mi pueblo, ciudad, humanidad?

¿Ya sabes de qué se trata?

Tener una misión personal puede ser fundamental por varias razones:

- *Propósito y dirección*: Una misión proporciona un propósito claro y una dirección en la vida. Ayuda a definir lo que es importante para nosotros y nos guía en la toma de decisiones y acciones que estén alineadas con nuestros valores y metas.
- *Motivación y compromiso*: Una misión nos motiva a seguir adelante incluso cuando enfrentamos desafíos. Nos brinda una razón para levantarnos cada día y nos ayuda a mantenernos comprometidos con nuestras metas a largo plazo.
- *Sentido de realización*: Tener una misión nos brinda un sentido de realización y satisfacción personal al trabajar hacia algo significativo y trascendente. Nos permite sentirnos más conectados

con nuestro propósito en la vida y contribuir de manera significativa al mundo que nos rodea.

- *Resiliencia*: Una misión sólida puede ayudarnos a superar obstáculos y momentos difíciles. Actúa como un ancla emocional que nos ayuda a mantenernos centrados y enfocados en nuestros objetivos, incluso en tiempos de adversidad.
- *Impacto positivo*: Una misión bien definida puede inspirarnos a hacer una diferencia en nuestras propias vidas y en las vidas de los demás. Nos impulsa a buscar formas de contribuir y dejar un legado positivo en el mundo.

En resumen, tener una misión personal nos ayuda a vivir una vida más significativa, enfocada y satisfactoria, al tiempo que nos motiva a alcanzar nuestro máximo potencial y hacer una diferencia positiva en el mundo.

HERRAMIENTA NÚMERO #4

Visión

¿Tiene que ver con el hecho de cómo y dónde te ves en varios años por delante? Si yo te pregunto, dónde te ves en 5 años, haciendo qué... ¿qué vida tendrías? ¿Cómo sería tu entorno, a qué te dedicarías? ¿O en 10 años? ¿O en 15 años? ¿O en 20 años? Entiendo perfectamente que me dirás "Laura, la verdad que todo bárbaro, pero no tengo la más pálida idea de dónde estaré, yo vivo el presente y no me estreso con esto de ver hacia dónde quisiera ir". Te cuento que estaría muy bueno —aunque sea algunas veces, no para que te obsesiones o te enfoques en el futuro (aunque no existe, lo creamos todo el tiempo con nuestras decisiones)— anotar o soñar cómo te verías o dónde estarías en unos años, qué quieres lograr, qué te apasiona, qué metas quieres cumplir. En ese hilo es donde me gustaría acompañarte, sin juzgarte y te dejo una pregunta para que lo puedas imaginar: ¿qué harías o cómo sería ese escenario si no fueras a fracasar?

Me gustaría mucho que lo puedas bajar, escribirlo y mostrarlo al mundo. Sí, a las redes sociales, contarles a todos, que tienes sueños. Puedes poner lo que quieras, lo importante es la acción de planificar y soñar y si lo haces, hazlo en grande.

Cuando escribimos activamos muchas partes de nuestro cuerpo –cerebro, sistema nervioso, músculos– a las que les hace muy bien poder conectarlas, usarlas y hacerlas trabajar. Te invito a que de ahora en adelante tengas tu cuaderno de sueños, metas, objetivos, ideas, o como te guste llamarlo, para poder conectar con eso y enfocarte en todo lo que deseas.

Tener una visión es crucial por varias razones importantes:

- *Claridad y enfoque*: Una visión proporciona claridad sobre el futuro que deseamos crear para nosotros mismos, tanto a nivel personal como profesional. Nos ayuda a definir nuestros objetivos a largo plazo y a enfocarnos en lo que realmente queremos lograr en nuestras vidas.
- *Inspiración y motivación*: Una visión poderosa actúa como una fuente constante de inspiración y motivación. Nos impulsa a superar obstáculos, a perseverar en tiempos difíciles y a mantenernos enfocados en nuestros sueños y aspiraciones más grandes.
- *Alineación y coherencia*: Una visión nos ayuda a alinear nuestras acciones diarias con nuestros objetivos a largo plazo. Nos permite tomar decisiones más coherentes y consistentes que estén alineadas con nuestra dirección deseada, lo que aumenta nuestra eficacia y nos acerca más a nuestros sueños.
- *Catalizador para el cambio*: Una visión audaz y ambiciosa puede actuar como un catalizador para el cambio positivo, tanto en nuestras vidas personales como en el mundo que nos rodea. Nos impulsa a desafiar el *statu quo*, a buscar nuevas oportuni-

dades y a trabajar hacia un futuro mejor para nosotros mismos y para los demás.

- *Sentido de logro y satisfacción*: Al alcanzar los hitos que nos acercan a nuestra visión, experimentamos un profundo sentido de logro y satisfacción personal. Nos sentimos realizados al ver cómo nuestras acciones están dando forma al futuro que imaginamos y cómo estamos progresando hacia nuestras metas más grandes.

Tener una visión nos ayuda a definir nuestros objetivos a largo plazo, a mantenernos motivados y enfocados, y a vivir una vida más significativa y satisfactoria al trabajar hacia un futuro que realmente deseamos crear.

HERRAMIENTA NÚMERO #5

Valores

¿Por qué piensas que los valores son tan importantes, por qué crees que forman parte de nuestras vidas, y que si en algún momento, alguien o algo, falla ante ellos o no los cumple, es razón suficiente en muchos casos para decir, chau, hasta siempre? Te invito a que puedas observar esta estructura de valores que cada uno de nosotros tenemos. Si yo te pregunto, y volviendo a tu cuaderno de ideas, ¿cuáles son tus valores?

Está bueno que los puedas analizar y te vuelvo a preguntar, ¿son tuyos o de alguien más? (Familia, sociedad, maestros, amigos.) Porque ante los valores que muchas veces compramos, valores propios aprendidos o de los demás, con los cuales nos sentimos conectados como si fueran nuestros, está muy bueno que te puedas preguntar, ¿de dónde vienen?

Hablemos de los niveles de conciencia:
¿estás en víctima o responsable?

Seguro que en algún momento de tu vida escuchaste a muchas personas o a ti misma decirte: por culpa del gobierno, mi marido, mi vecino, mi mamá, mi jefe, mi hermano, la economía, los políticos, mi médico, los demás, sucedió esta situación –sea cual sea– y te encuentras en ese lugar donde piensas, que nada depende de ti, tampoco a nivel emocional. Tengo mala suerte, no puedo ser feliz, siempre me sucede lo mismo… ¿Cuántas veces te leíste y compraste esta historia, que no eras capaz de cambiar tu realidad y que siempre pero siempre, dependemos de los demás? Quizás te voy a decir algo que no te va a gustar –la verdad no estoy aquí para ofender a nadie, al contrario, solo quiero que puedas ver, analizar y sentir lo que expreso y decirme qué te parece, qué piensas, qué sientes– el caso es que, volviendo al tema en cuestión, todo pero absolutamente todo lo que nos sucede depende en un 95% de nosotros (para ser buena) y no decir un 100%. Por qué te lo digo: porque cuando decidimos tirar la pelota al exterior y no hacernos cargo o ser víctimas de personas, situaciones y hasta de nuestra propia vida, es muy difícil desarrollar la habilidad de hacernos responsables y cambiar nuestra historia. Tú me dirás "¿cómo, a ver si entendí, me estás diciendo que si estoy enferma o me sucedió un accidente o la situación que fuera, la generé yo? Bueno, sería algo así: que lo que pasa después de eso, era algo que tenías que ver, aprender, solucionar, hacerte cargo y no podías demorar mucho más.

¿Que pasó, cómo lo viviste, de qué manera te diste cuenta de que no podías sobrellevar más esa situación y que de alguna u otra manera explotó el volcán y, por supuesto, arrasó con todo? (metáfora para ponerle un poco más de candencia al tema) La verdad es que muchas veces cuando estamos procrastinando y dejando lo que tenemos que hacer para más adelante, y pateando y pateando, en algún momento explota y en nuestros bellos rostros, ante lo cual te vuelvo a preguntar: ¿te ha sucedió algo de esto? ¿Nunca te pasó? ¿En dónde estás hoy? A veces la vida nos trae situaciones o personas y vivimos ciertas experiencias que nos llevan a otro nivel de conciencia, sentimos ese despertar, ya sea por el gozo o el dolor. Una pena que como seres humanos la mayoría de los despertares y cambios de conciencia sean por el dolor. Pero lo importante aquí es que no se juzguen. Lleva tiempo: sé indulgente contigo mismo y haz siempre lo mejor que puedas. De nuevo: ¿qué te sucedió, qué pasó para tu cambio de conciencia, cómo lo viviste, en cuál estás? ¿Dónde te sientes en este momento?

Esto es muy importante para que lo podamos ver y analizar, que puedas tomar los binoculares de tu vida, de tu día a día y ver dónde está parado observando todo lo que sucede.

Nuestros valores son importantes por varias razones fundamentales:

- *Guían nuestras decisiones*: Los valores actúan como un conjunto de principios que nos orientan en la toma de decisiones en la vida cotidiana. Nos ayudan a discernir entre lo que es correcto y lo que no lo es, y nos permiten tomar decisiones coherentes con nuestras creencias y convicciones más profundas.
- *Definen nuestra identidad*: Nuestros valores reflejan quiénes somos realmente y qué consideramos importante en la vida. Forman parte de nuestra identidad y nos ayudan a definirnos a nosotros mismos, así como a comunicar nuestra singularidad y autenticidad a los demás.
- *Establecen prioridades*: Los valores nos ayudan a priorizar nuestras acciones y objetivos en función de lo que consideramos más significativo y valioso. Nos permiten asignar tiempo, energía y recursos de manera más efectiva, centrándonos en lo que realmente importa para nosotros.
- *Orientan nuestro comportamiento*: Los valores influyen en nuestra conducta y en cómo interactuamos con el mundo que nos rodea. Actúan como una brújula moral que nos guía hacia com-

portamientos éticos y responsables, promoviendo relaciones saludables y contribuciones positivas a la sociedad.
- *Proporcionan sentido y propósito*: Vivir de acuerdo con nuestros valores nos brinda un sentido de significado y propósito en la vida. Nos ayuda a sentirnos más satisfechos y realizados, ya que estamos alineados con lo que realmente nos importa y nos inspira.

Nuestros valores son fundamentales porque nos guían, definen nuestra identidad, establecen nuestras prioridades, orientan nuestro comportamiento y nos proporcionan un sentido de propósito en la vida. Son la base sobre la cual construimos nuestras vidas y relaciones, y nos ayudan a vivir de manera más auténtica y significativa.

HERRAMIENTA NÚMERO #6

Burbuja negativa

¿Qué piensas que pasa si tu burbuja energética —esa que te rodea día a día, que dice cómo estás de ánimo, que te acompaña y por la cual eres conocido— es negativa? Solo quiero que me respondas qué sucede, cómo te sientes, qué pasa en tu vida, cómo son tus días, cómo te sientes con tu entorno, amigos, familia, pareja, trabajo. Calculo que ya sabes la respuesta. Estar todo el tiempo moviendo tu energía en una burbuja súper negativa es estar siempre atrayendo cosas que no nos gustan, no disfrutar, espero lo peor, no creer por la razón que no creamos, no sentirnos amados, bajos de energía, desvalorizados, y la lista sigue y es interminable. Cuéntame qué pasaría si tu burbuja de energía la mayor parte del tiempo fuera positiva. Claro, estarías contento, agradecido, feliz de todo lo que sucede, abierto a los cambios. Incluso ante las incertidumbres —lo que no sabemos que sucederá— y aunque estemos atravesando buenas o malas situaciones, siempre hay un bien oculto detrás de cada una de ellas. La verdad está ahí, nuestra vida cambia, pega un giro ya que estamos abiertos a recibir lo que merecemos, disfrutamos, no nos apegamos, sonreímos, soltamos.

HERRAMIENTA NÚMERO #7

Hábitos

Estamos hechos de hábitos y siempre le ponemos la polaridad: si son buenos nos ayudan a crecer, cumplir objetivos, ir más allá de todo; si son malos nos tiran para abajo y, a veces, nos impiden llegar adonde queremos llegar. Hoy traigo el tema de los hábitos como parte de nuestro entrenamiento y método Abundantemente porque es muy importante darnos cuenta de todo lo que nos limita, las actividades o acciones que no nos llevan a ningún lado y mucho menos a lograr lo que deseamos.

Hablamos de hábitos para sumar, para crear, para elevar tu energía. Eso es muy necesario en este proceso creativo, en este nuevo proceso de conocimiento.

Los hábitos son clave para nuestra vida por varias razones importantes:

- *Eficiencia y productividad*: Los hábitos nos permiten realizar acciones de manera automática y sin esfuerzo consciente. Al automatizar ciertas tareas y rutinas, podemos realizarlas de manera más eficiente y liberar tiempo y energía para otras actividades importantes.
- *Consistencia y disciplina*: Los hábitos nos ayudan a mantener la consistencia y la disciplina en nuestras vidas. Al establecer hábitos positivos, podemos mantenernos en el camino hacia nuestros objetivos a largo plazo, incluso cuando enfrentamos desafíos o distracciones.

- *Mejora continua*: Los hábitos nos permiten mejorar continuamente y crecer como personas. Al adoptar hábitos saludables y productivos, podemos trabajar en el desarrollo personal, alcanzar nuestras metas y convertirnos en la mejor versión de nosotros mismos.
- *Bienestar físico y mental*: Los hábitos saludables, como hacer ejercicio regularmente, dormir lo suficiente y practicar la atención plena, son fundamentales para nuestro bienestar físico y mental. Al incorporar estos hábitos en nuestra vida diaria, podemos mejorar nuestra salud y calidad de vida.
- *Reducción del estrés y la ansiedad*: Los hábitos también pueden ayudarnos a reducir el estrés y la ansiedad al proporcionar una sensación de estructura y control en nuestras vidas. Al tener hábitos bien establecidos, podemos enfrentar los desafíos con mayor calma y confianza.

Los hábitos son clave para nuestra vida porque nos ayudan a ser más eficientes y productivos, a mantener la consistencia y la disciplina, a mejorar continuamente, a promover nuestro bienestar físico y mental, y a reducir el estrés y la ansiedad. Al adoptar hábitos positivos y saludables, podemos crear una vida más satisfactoria y significativa.

HERRAMIENTA NÚMERO #8

Meditación

Ya lo hablamos y te voy a dejar algunas de ellas en mi canal de You Tube. También puedes buscar las tuyas, estar en silencio o conectar con lo que tu alma quisiera conectar, pero por favor, no dejes de hacerlo, ve a ese lugar donde no somos nadie ni nada, para ir a la fuente, para sacarte todos los sentidos de esta 3D y vibrar súper alto con todo lo que deseas y sueñas para tu vida.

Biológicamente, la meditación tiene varios efectos positivos en el cuerpo humano que han sido respaldados por la investigación científica:

- *Reducción del estrés*: Durante la meditación, se activa el sistema nervioso parasimpático que es responsable de inducir la relajación y reducir la respuesta al estrés. Esto conduce a una disminución de la frecuencia cardíaca, la presión arterial y la producción de cortisol, la hormona del estrés.
- *Mejora del sistema inmunológico*: Estudios han demostrado que la meditación puede fortalecer el sistema inmunológico al reducir la inflamación y aumentar la actividad de los linfocitos, células que ayudan a combatir infecciones y enfermedades.
- *Regulación del sistema nervioso autónomo*: La práctica regular de la meditación puede ayudar a regular el sistema nervioso autónomo, que controla funciones involuntarias como la respiración, la frecuencia cardíaca y la digestión. Esto puede llevar a una mayor estabilidad emocional y una mejor respuesta al estrés.
- *Reducción de la percepción del dolor*: La meditación *mindfulness* se ha asociado con una reducción en la percepción del dolor, posiblemente debido a cambios en la forma en que el cerebro procesa las señales de dolor y a una mayor capacidad para regular las emociones relacionadas con el dolor.
- *Mejora del sueño*: La meditación puede mejorar la calidad del sueño al reducir el estrés y la ansiedad, dos factores que pueden interferir con el sueño reparador. La práctica regular de la meditación ha sido asociada con una disminución en los problemas de insomnio y una mayor sensación de descanso y relajación durante el sueño.
- *Mejora de la salud mental*: La meditación se ha relacionado con una variedad de beneficios para la salud mental, incluida la reducción de los síntomas de depresión, ansiedad y trastornos de estrés postraumático. La meditación *mindfulness* en particular

ha demostrado ser eficaz en el tratamiento de trastornos de ansiedad y depresión.

• *Mejora del bienestar emocional*: La meditación puede mejorar la regulación y la conciencia emocionales. Ayuda a las personas a reconocer y aceptar sus emociones sin reaccionar de manera impulsiva, lo que puede llevar a una mayor estabilidad emocional y bienestar general.

• *Mejora de la concentración y la claridad mental*: La práctica regular de la meditación ha demostrado mejorar la concentración, la atención y la claridad mental. Ayuda a entrenar la mente para estar presente en el momento actual y a reducir la distracción causada por pensamientos irrelevantes o preocupaciones.

• *Promoción del bienestar físico*: La meditación también puede tener beneficios físicos, como la reducción de la presión arterial, la mejora del sistema inmunológico y la disminución del riesgo de enfermedades cardiovasculares. La meditación puede ayudar a reducir la inflamación en el cuerpo, que se ha relacionado con una variedad de enfermedades crónicas.

La meditación tiene efectos biológicos beneficiosos en el cuerpo humano, incluida la reducción del estrés, la mejora del sistema inmunológico, la regulación del sistema nervioso autónomo, la reducción de la percepción del dolor y la mejora del sueño. Estos efectos contribuyen a una mejor salud y bienestar general.

HERRAMIENTA NÚMERO #9

Visualización

La visualización es una técnica mental que implica crear imágenes vívidas en la mente para representar situaciones, eventos o resultados deseados. En otras palabras, es el acto de imaginarse a uno mismo experimentando algo específico en detalle, utilizando los sentidos internos para recrear la experiencia de manera muy realista.

En la visualización se utilizan todos los sentidos internos, incluidos la vista, el oído, el tacto, el olfato y el gusto, para crear una experiencia multisensorial en la mente. Esto puede incluir ver imágenes claras y detalladas, escuchar sonidos específicos, sentir texturas y sensaciones físicas, e incluso oler aromas y saborear gustos.

La visualización puede utilizarse para una variedad de propósitos, como mejorar el rendimiento deportivo, superar obstáculos mentales, alcanzar metas personales o profesionales, reducir el estrés y la ansiedad, mejorar la salud y el bienestar, y fomentar la creatividad y la resolución de problemas.

La práctica de la visualización implica relajarse profundamente, concentrarse en una imagen mental específica y luego sostener esa imagen en la mente el tiempo suficiente para que se vuelva vívida y realista. Al hacerlo, se establece una conexión entre la mente y el cuerpo, lo que puede influir en el comportamiento, las emociones y las experiencias de la persona.

La visualización es una herramienta poderosa que puede utilizarse junto con otras técnicas, como la meditación, la atención plena y el establecimiento de objetivos, para potenciar el crecimiento personal, la autoconfianza y el éxito en diversos aspectos de la vida.

La práctica de la visualización puede variar según los objetivos específicos de cada persona, pero aquí tienes algunos ejercicios básicos que puedes probar:

- *Relajación inicial*: Antes de comenzar la visualización, tómate unos minutos para relajarte profundamente. Encuentra un lugar tranquilo y cómodo donde puedas sentarte o recostarte sin distracciones. Respira profundamente varias veces para calmar tu mente y cuerpo.
- *Visualización guiada*: Encuentra una grabación de visualización guiada que te ayude a imaginar una escena específica relaciona-

da con tus objetivos. Puede ser una situación en la que te visualizas alcanzando una meta, superando un obstáculo, o simplemente experimentando paz y bienestar. Sigue las instrucciones del guía para crear una imagen vívida en tu mente.

- *Escritura creativa*: Escribe una descripción detallada de la escena que te gustaría visualizar. Utiliza todos tus sentidos para crear una imagen completa y realista en palabras. Luego, léelo en voz alta o cierra los ojos y léelo en silencio mientras te imaginas la escena en tu mente.
- *Visualización activa*: Imagina que estás en una situación específica y actúa como si ya estuvieras experimentando lo que visualizas. Por ejemplo, si estás visualizando una presentación exitosa, imagina que estás parado frente a la audiencia con confianza y seguridad.
- *Visualización de metas*: Visualiza tus objetivos de manera específica y detallada. Imagina cómo se vería, se sentiría y se escucharía cuando alcances tus metas. Esto puede ayudarte a mantenerte enfocado y motivado mientras trabajas para alcanzar tus objetivos.

Recuerda practicar la visualización de manera regular para obtener los mejores resultados. Puedes dedicar unos minutos cada día a visualizar tus metas y objetivos, o practicar visualizaciones más largas cuando tengas tiempo. ¡Experimenta con diferentes técnicas y encuentra la que funcione mejor para vos!

HERRAMIENTA NÚMERO #10

Actividad física

Cuidar nuestro cuerpo y hacer actividad física regularmente es fundamental por varias razones importantes:

- *Salud física*: El ejercicio regular ayuda a mantener un peso saludable, fortalece el corazón y los pulmones, mejora la circulación sanguínea y fortalece el sistema inmunológico. Estos beneficios contribuyen a reducir el riesgo de desarrollar una variedad de enfermedades crónicas, como enfermedades cardíacas, diabetes tipo 2, presión arterial alta y obesidad.
- *Salud mental*: La actividad física regular está asociada con una mejor salud mental y bienestar emocional. El ejercicio libera endorfinas, neurotransmisores que actúan como analgésicos naturales y generan sensaciones de felicidad y bienestar. Además, el ejercicio puede ayudar a reducir el estrés, la ansiedad y la depresión, mejorar la calidad del sueño y aumentar la autoestima.
- *Energía y vitalidad*: El ejercicio regular aumenta la energía y la vitalidad al mejorar la resistencia y la fuerza muscular, así como la capacidad pulmonar y cardiovascular. Esto puede ayudarnos a sentirnos más enérgicos y alerta durante el día, lo que nos permite realizar nuestras actividades diarias con mayor eficacia y disfrutar de una mejor calidad de vida.
- *Calidad de vida*: Mantenernos activos nos permite participar en una variedad de actividades y experiencias que enriquecen nuestras vidas. Desde participar en deportes y actividades recreativas hasta disfrutar de actividades al aire libre y viajar, el ejercicio nos permite aprovechar al máximo lo que la vida tiene para ofrecer.
- *Longevidad y calidad de vida*: La actividad física regular está asociada con una mayor longevidad y una mejor calidad de vida en la vejez. El ejercicio ayuda a prevenir el deterioro físico y cognitivo asociado con el envejecimiento, lo que nos permite disfrutar de una vida más larga y saludable.

HERRAMIENTA NÚMERO #11

Comida saludable

Comer saludable es fundamental por varias razones importantes:

- *Nutrición adecuada*: Una alimentación saludable proporciona al cuerpo los nutrientes esenciales que necesita para funcionar correctamente. Esto incluye vitaminas, minerales, proteínas, carbohidratos, grasas saludables y fibra, que son fundamentales para mantener la salud y prevenir enfermedades.
- *Prevención de enfermedades*: Una dieta saludable puede ayudar a prevenir una variedad de enfermedades crónicas, como enfermedades cardíacas, diabetes tipo 2, presión arterial alta, obesidad y ciertos tipos de cáncer. Al consumir alimentos ricos en nutrientes y bajos en grasas saturadas, azúcares añadidos y sodio, podemos reducir el riesgo de desarrollar estas enfermedades.
- *Control del peso*: Comer una dieta equilibrada y saludable puede ayudar a mantener un peso saludable y prevenir el aumento de peso no deseado. Al elegir alimentos ricos en nutrientes y bajos en calorías, podemos sentirnos satisfechos y llenos por más tiempo, lo que puede ayudar a reducir el consumo excesivo de alimentos y controlar el peso corporal.
- *Aumento de la energía y la vitalidad*: Una alimentación saludable proporciona al cuerpo la energía necesaria para funcionar de manera óptima. Al consumir alimentos ricos en nutrientes y evitar los alimentos procesados y las bebidas azucaradas, podemos mantener niveles de energía estables a lo largo del día y sentirnos más enérgicos y alerta.
- *Mejora del estado de ánimo y bienestar mental*: La alimentación saludable está asociada con un mejor estado de ánimo y bienestar mental. Consumir una variedad de alimentos nutritivos puede ayudar a equilibrar los niveles de neurotransmisores en el

cerebro, lo que puede tener un impacto positivo en el estado de ánimo, la cognición y la salud mental en general.

HERRAMIENTA NÚMERO #12

Medir tus resultados

Todo debe ser mensurable.

Es importante medir tus resultados porque te permite evaluar tu progreso, identificar áreas de mejora y tomar decisiones informadas sobre cómo seguir adelante. Aquí hay algunas razones clave por las que medir tus resultados es importante:

- *Evaluar el progreso*: Medir tus resultados te ayuda a determinar si estás avanzando hacia tus objetivos. Te permite ver qué tan lejos has llegado desde donde comenzaste y si estás alcanzando tus hitos intermedios.
- *Identificar áreas de mejora*: Al medir tus resultados, puedes identificar áreas donde estás teniendo éxito y áreas donde podrías mejorar. Esto te brinda la oportunidad de ajustar tu enfoque y estrategias para maximizar tu eficacia.
- *Tomar decisiones informadas*: Al tener datos concretos sobre tus resultados, estás en una mejor posición para tomar decisiones informadas sobre cómo proceder. Puedes determinar qué tácticas están funcionando bien y cuáles necesitan ajustes.
- *Mantener la motivación*: Ver progreso tangible puede ser una fuente poderosa de motivación. Medir tus resultados te permite celebrar tus logros y mantener tu motivación alta a medida que trabajas hacia tus metas.

Para medir tus resultados, es importante establecer métricas específicas y relevantes que estén alineadas con tus objetivos. Esto puede incluir cosas como el progreso hacia una meta de acondicionamiento físico (por ejemplo, correr una cierta distancia en un tiempo específico), el crecimiento en ventas para un negocio, o la mejora en habilidades específicas para tu desarrollo personal o profesional.

Una vez que hayas establecido tus métricas, puedes llevar un registro regular de tus resultados utilizando herramientas como hojas de cálculo, aplicaciones de seguimiento, diarios o tableros de objetivos. Haz un seguimiento de tus resultados con regularidad y revísalos periódicamente para evaluar tu progreso y tomar decisiones informadas sobre cómo seguir adelante.

HERRAMIENTA NÚMERO #13

Yo soy suficiente

Porque alguna vez creímos que éramos finitos o no infinitos, no entendimos que vinimos a jugar un juego, un juego para ser felices, divertirnos, ser capaces de salir siempre adelante, no olvidarnos nuestros principios, ser capaces de despertar cuando lo necesitemos, y un día decidiste bajar, volver, aprobar nuevamente las materias de esta obra de teatro, y aquí estás, siendo tú la actriz o actor principal de tu vida.

Y la gran pregunta es, ¿qué estás haciendo con eso? ¿Cómo te sientes?

La afirmación "Yo soy suficiente" puede generar una serie de efectos positivos en la mente y el bienestar emocional de una persona:

- *Autoconfianza*: Al repetir esta afirmación, se fortalece la autoconfianza y la autoestima. La persona comienza a creer en su valía intrínseca y en su capacidad para enfrentar desafíos y alcanzar sus metas.

- *Autocompasión*: Reconocer que uno es suficiente tal como es fomenta la autocompasión y la aceptación de uno mismo. La persona aprende a tratarse con amabilidad y comprensión, en lugar de ser crítico o autocrítico.
- *Reducción del estrés*: Al aceptarse a sí mismo como suficiente, se reduce la necesidad de compararse con los demás o de buscar constantemente la aprobación externa. Esto puede ayudar a reducir el estrés y la ansiedad relacionados con la autoevaluación constante.
- *Mayor resiliencia*: Tener una base sólida de autoaceptación y autoconfianza puede hacer que una persona sea más resistente ante la adversidad. Se vuelve más capaz de enfrentar los desafíos con una actitud positiva y perseverar a pesar de los contratiempos.
- *Empoderamiento personal*: Sentirse suficiente empodera a la persona para tomar el control de su vida y perseguir sus sueños con determinación y valentía. Se siente capaz de definir su propio valor y no depende de la validación externa para sentirse bien consigo misma.

HERRAMIENTA NÚMERO #14

La lista de agradecimientos cada día, entendiendo que es una de las energías y vibraciones más altas que podemos vibrar, en gratitud por todo, hasta por las personas que te dicen cosas poco amables, solo diles "gracias" y sigue tu camino.

Hacer una lista de agradecimientos todos los días puede tener una serie de beneficios significativos para nuestra salud mental, emocional y física:

- *Cultivar la gratitud*: Practicar el agradecimiento diario nos ayuda a cultivar un sentido de gratitud por las cosas positivas en nuestras vidas, incluso las pequeñas. Esto nos permite enfocarnos en lo que tenemos en lugar de lo que nos falta, lo que puede aumentar nuestra satisfacción general con la vida.

- *Reducción del estrés y la ansiedad*: El acto de reconocer y apreciar las cosas buenas en nuestras vidas puede ayudar a reducir el estrés y la ansiedad. Al centrarnos en lo que está yendo bien, podemos cambiar nuestra perspectiva y encontrar consuelo en momentos difíciles.
- *Mejora del bienestar emocional*: La gratitud está asociada con emociones positivas como la alegría, la felicidad y la tranquilidad. Hacer una lista de agradecimientos diarios puede ayudarnos a cultivar estas emociones positivas y mejorar nuestro bienestar emocional en general.
- *Fortalecimiento de las relaciones*: Expresar gratitud hacia los demás en nuestra lista de agradecimientos puede fortalecer nuestras relaciones y fomentar un sentido de conexión y apoyo mutuo. Reconocer y valorar a las personas importantes en nuestras vidas puede mejorar la calidad de nuestras interacciones y fortalecer los lazos emocionales.
- *Promoción del sueño y la salud física*: La investigación ha demostrado que practicar la gratitud puede tener beneficios para la salud física, como mejorar la calidad del sueño, reducir la presión arterial y fortalecer el sistema inmunológico. Esto puede conducir a una mejor salud física y una mayor longevidad.

En resumen, hacer una lista de agradecimientos todos los días puede tener una serie de beneficios para nuestra salud y bienestar, incluida la cultivación de la gratitud, la reducción del estrés y la ansiedad, la mejora del bienestar emocional, el fortalecimiento de las relaciones y la promoción de la salud física. Es una práctica simple pero poderosa que puede tener un impacto significativo en nuestra vida diaria.

HERRAMIENTA NÚMERO #15

Cartas

Haz tu carta a tu amigo el dinero, vamos a empezar a amigarnos con él y a conectar con esta energía para que pueda empezar a fluir en tu vida. Haz también esa carta de tu yo del futuro, ponla en tu mesa de luz y léela cuando te vas a dormir, así queda en tu subconsciente y se hace realidad.

La técnica de escribir una carta al dinero es una práctica de manifestación que implica redactar una carta dirigida al dinero como si fuera una entidad o energía consciente. Esta carta se enfoca en expresar gratitud hacia el dinero, establecer una relación positiva con él y visualizar cómo se desea que fluya en la vida de uno. Aquí hay algunos pasos para llevar a cabo esta técnica:

- *Preparación*: Encuentra un momento tranquilo y sin distracciones para escribir tu carta. Puedes hacerlo en un cuaderno especial, en tu computadora o en cualquier otro medio que prefieras.
- *Saludo inicial*: Comienza la carta con un saludo amigable y respetuoso al dinero. Puedes dirigirte al dinero como si fuera un amigo o una entidad benévola.
- *Expresión de gratitud*: Expresa gratitud hacia el dinero por todo lo que ha proporcionado en tu vida hasta el momento. Reconoce cualquier forma en la que el dinero te ha beneficiado, ya sea a través de tus ingresos, tus posesiones materiales o tus experiencias.
- *Establecimiento de intenciones*: Establece tus intenciones para cómo te gustaría que el dinero fluyera en tu vida en el futuro. Sé específico y detallado en tus deseos y metas financieras. Visualiza cómo te sentirías al lograr estas metas y cómo beneficiarían tu vida y la de los demás.
- *Compromiso y aprecio*: Termina la carta comprometiéndote a trabajar en armonía con el dinero y a utilizarlo sabiamente para

el beneficio propio y el de los demás. Expresa tu aprecio por la abundancia que está por venir y tu confianza en que el dinero seguirá fluyendo hacia ti de manera positiva.

• *Cierre*: Finaliza la carta con un saludo cordial y una firma. Puedes usar frases como "Con amor y gratitud", "Sinceramente" o cualquier otra que te sientas cómodo utilizando.

• *Claridad y enfoque*: Al escribir una carta al dinero, te obligas a reflexionar sobre tus relaciones y creencias con respecto al dinero. Esto te ayuda a clarificar tus deseos financieros y a establecer metas específicas y concretas.

• *Establecimiento de intenciones*: La carta al dinero te permite establecer intenciones claras y positivas sobre cómo deseas que fluya el dinero en tu vida. Al expresar tus deseos y metas de manera escrita, estás emitiendo una señal clara al universo sobre lo que esperas manifestar.

• *Cambio de mentalidad*: Escribir una carta al dinero puede ayudarte a cambiar tu mentalidad y actitud hacia la abundancia y la prosperidad. Al enfocarte en la gratitud y en las posibilidades de crecimiento financiero, puedes superar creencias limitantes y adoptar una mentalidad más positiva y receptiva hacia el dinero.

• *Práctica de gratitud*: La carta al dinero es una forma de practicar la gratitud hacia el dinero y todas las formas en que este ha beneficiado tu vida hasta el momento. Al expresar gratitud por lo que ya tienes, estás abriendo la puerta para recibir más abundancia en el futuro.

• *Empoderamiento personal*: Escribir una carta al dinero puede ayudarte a sentirte más empoderado y en control de tu situación financiera. Te recuerda que tienes el poder de crear la vida financiera que deseas y que mereces vivir una vida de abundancia y prosperidad.

Una vez que hayas escrito tu carta, puedes guardarla en un lugar especial y leerla periódicamente para reforzar tus intenciones y mantener una actitud positiva hacia el dinero. Recuerda que la clave es escribir desde el corazón y con sinceridad, y estar abierto a recibir la abundancia que el dinero puede ofrecer.

244

HERRAMIENTA NÚMERO #16

La burbuja de amor (meditación)

FINAL DE LA HISTORIA

Desde el mismo momento en que se dio cuenta de que podía vencer el miedo, que podía generar un cambio, que podía lograr lo que quisiera —y aunque eso le llevó su tiempo— se preparó, se puso un objetivo, se acompaña con las palabras, el amor, los decretos, el agradecimientos, las bendiciones, los abrazos, las meditaciones y pudo caminar e ir día a día hasta un día estar mejor. También muy importante es el conjunto, la actividad física, nuestro templo y, sobre todo, qué le damos a nuestro hermoso cuerpo, cómo nos alimentamos. Cuando entendió que era un TODO, pudo enfocarse en la psicología, en conectar con eso que ella más deseaba. Dejó de esperar el reconocimiento de los demás y se reconoció ella misma, se alegró por ella, superó día a día, dejó todo en el ring o en la cancha, cada día era una nueva lucha, un nuevo ataque de pánico, a veces varios en un día, sin medicación, sin nada que calmara eso. Pero todo estaría ahí de fondo, cuando entendió que somos perfectos, que con los pensamientos y actividades que nuestro cuerpo perfecto necesita podemos lograr todo lo que anhelamos. Ahí se dio cuenta de que de esto iba a salir exitosa y que iba a lograr su encomienda. Y así fue, pudo conectar con la paz y el bienestar, mejoró de a poco, cada día superó sus ataques, un día se fueron dispersando y otro día solo volvían cuando pasaban ciertas cosas ya que tenían memoria en el cuerpo. Ella los superó con todas las herramientas que pudo encontrar para sentirse mejor, y ahí se dio cuenta de que el 90% de su respuesta estaba en su cabeza, en su mente, en sus pensamientos, en sentirse saludable, pero le llevo mucho tiempo entenderlo y poder conectar con eso. Solo fue una manera más de aprender y otra enseñanza de esta vida, pero lo supero con éxito. Aunque siempre creyó que no lo lograría, no solo lo logró sino que pudo enseñar a sanar a otras personas, y no con esta discordancia, sino con cualquiera sea ella: tendió un puente, lo construyó y lo atravesó.

Esto que te traje es para poder ver no solo una historia más de superación —escuchamos muchas todos los días—, esto es algo hermoso y nos deja en blanco al pensar que podemos hacer y crear todo lo que queremos: ser muy exitosos, avanzar en la vida, conectar con todo lo que deseamos, solo que a veces, nos olvidamos, no es que no lo sabemos, solo lo olvidamos. Te invito siempre a ser un aprendiz eterno, a recordar cosas perdidas, a conectar con esa energía que te hace bien, a conectar contigo y todo lo que te haga feliz, viniste a triunfar, a ser feliz, a ser bendecido, agradecido. Aunque hoy tengas el peor presente que puedas imaginar, sabes que muy adentro tuyo están las respuestas. Y no es solo leer este libro y que sea uno más de tu biblioteca sino que sea tu guía, que puedas hacer y enseñar estos ejercicios para expandirte, para conectar, para meditar, para dar lo mejor y lograr absolutamente todo lo que te propongas.

Puedes crear lo que más desees, puedes ser muy exitoso, no creas nunca más que no podemos, no somos merecedores, no vamos a lograrlo, nunca más. Eres perfecto y solo tienes que sacar a la luz todo lo que tienes adentro y mejorar y perfeccionar todo aquello que consideres que pueda ayudarte a generar una mejor persona, expandirte, ser tu mejor versión.

ME DESPIDO

Me gustaría leerlos y recibir sus devoluciones, que puedan experimentar cada una de las herramientas que les traigo, que pasen por el cuerpo todo lo que les cuento o que puedan al menos elegir desde HOY cambiar sus vidas.

Al conocimiento sin experiencia se lo llama filosofía y el mundo está lleno de filósofos. La experiencia sin conocimiento es ignorancia. Cuando realmente se entiende que el conocimiento es el precursor de la experiencia, al practicar con estas herramientas podemos convertirnos en los y las creadores de nuestras vidas.

Lo más importante que tenemos que hacer es dedicar un rato de nuestra ocupada vida a crear la vida que realmente soñamos, invertirlo tiempo en nosotros mismos, al hacerlo, invertimos en nuestro futuro.

Deben aplicar todo lo que puedan: conectar con tu ser, con el campo unificado, con tus meditaciones, 30-45 minutos por día, practicar a diario hace que cada día sea más fácil, habrá días fáciles y días difíciles, pero tienes que seguir.

Si te preguntas por qué no cambia nada, que ya hiciste todo, empieza a hacer consciente lo que estás pensando, no puedes seguir igual, amanecer igual, hacer lo mismo cada día, viviendo todo el tiempo en el pasado.

No meditamos para ser espirituales, aunque eso sucede, sino que buscamos cambiar nuestro futuro, nuestro cuerpo, es más fácil perder su misión que recordarla, dejar de hacerlo es creer más en tu pasado que en el futuro. Desde el momento en que eligess NO SER CREADOR, abandonas tu futuro y solo te importa el pasado.

Recordemos que las personas comunes estamos haciendo cosas no comunes, que somos seres extraordinarios o, como dice Joe, supernaturales.

Defínanse por el pensamiento y no acaben hasta sentirse como esa persona que sueñan ser, en quien te conviertes en el proceso. No hay edad, no hay límites, puedes volver a crear, no hay obstáculos ni en la enfermedad ni en sus vidas caóticas ni el pasado difícil. Podemos convertirnos en otras personas y cambiar nuestra realidad personal.

Hazlo.

Mi nombre es María Laura Pérez Saade, empresaria y emprendedora nata, aprendí muchísimo de muchas personas, estudié, leí, escuché, recorrí, viajé y emprendí muchas aventuras y hasta llevé a cabo el sueño de ser madre.

Me recibí de contadora, también Máster en Administración de Empresas, amante de las finanzas y los números, siempre con enfoque emprendedor y entendiendo la energía del dinero y la abundancia, fiel fan de la espiritualidad como filosofía de vida, estudiando la escalera de ascensión de símbolos de luz ®, a la que pertenezco actualmente, pero antes pasé por el budismo, un poco de hinduismo (AMA), El Arte de Vivir ®, Access Consciousness ®, Yoga y mucho más.

Seguí explorando hasta encontrar trazar ese puente que me ayudó a construir sobre la brecha de la separación por la diversidad, donde me recibí de Coach Ontológica y luego Coach Ejecutiva. Actualmente presto servicios en varias empresas con más de 650 horas prácticas en mi haber y lanzando desde Abundantemente ® mis entrenamientos de desarrollo personal, para darle herramientas a muchas más personas. Fiel seguidora de algunos mentores a quienes les agradezco y no paro de aprender y crecer como: Tony Robbins, Joe Dispenza, Laín García Calvo, Robert Kiyosaki, Enric Corbera, Jurgen Klaric, Elena Espinal, Leandro Kraiquer y muchos más.

Yo elijo saltar.

Todo empieza con el comienzo.